图书在版编目（CIP）数据

视界：资深外交官评说异国文化. 亚洲篇 / 张霄主编. — 重庆：重庆出版社, 2023.7
ISBN 978-7-229-17538-2

Ⅰ. ①视… Ⅱ. ①张… Ⅲ. ①文化史—亚洲 Ⅳ. ①K103

中国版本图书馆CIP数据核字（2023）第035187号

视界：资深外交官评说异国文化（亚洲篇）
SHIJIE: ZI SHEN WAIJIAOGUAN PINGSHUO YIGUO WENHUA. YAZHOUPIAN

张霄　主编

出　　品：	华章同人
出版监制：	徐宪江　秦　琥
责任编辑：	秦　琥　朱　姝
特约策划：	林　郁
特约编辑：	王晓芹
营销编辑：	史青苗　孟　闯
责任校对：	曾祥志
责任印制：	白　珂
书籍设计：	SOBER swing

重庆出版集团
重庆出版社　出版

（重庆市南岸区南滨路162号1幢）
北京盛通印刷股份有限公司　印刷
重庆出版集团图书发行有限公司　发行
邮购电话：010-85869375
全国新华书店经销

开本：787mm×1092mm　1/32　印张：10　字数：200千
2023年7月第1版　2023年7月第1次印刷
定价：68.00元

如有印装质量问题，请致电023-61520678

版权所有，侵权必究

序

重庆出版集团拟出版一套丛书，取名《视界：资深外交官评说异国文化》。作者多为中国前驻外使节，包括大使、总领事和文化参赞等。内容主要涉及各驻在国的文化艺术、生活习俗和行为规范等。每篇文章都是一幅异域人民的生活画卷，同时也是作者们多年海外工作的真切体验和生动言说。

外交官是一个较为特殊的群体。通过外交官的眼睛观察了解外部世界，不失为一个独特视角。独特在哪里？我以为至少有以下几个层面：

一是逗留时间长。文化是熏陶出来的。外交官在驻在国生活、工作少则几年，多则十几年。这对深入了解一国文化非常有利。时间对谁都一样，待得久才能钻得深，看得多才会品得真。这就如同唐玄奘西天取经，实践出真知，时间是取得真经的必要条件。

二是交际范围广。外交官的职责之一就是不断地与人交往、交流、交友。大使、总领事、文化参赞有不少人都在驻在国有留学或进修经历，通晓当地语言，从青年时代起就结交了很多朋友。参加工作后，又需要不停地与驻在国各部门、各单位、各阶层人士打交道。工作也好，社交也罢，外交官总是站在一线，与相关人士沟通情况，摸清路径，解决问题。外交界常常将某人形容为某国"通"，如"美国通""日本通""俄国通"等，其实就是说外交官对驻在国方方面面的情况，尤其是文化了如指掌，如数家珍。记得有一位我非常尊敬的前辈领导曾跟我说过一句话："外交的最高境界是文化。"细想起来也确是如此。大使、总领事、文化参赞都是高级外交官，他们一辈子与不同国家的人打交道，写出来的东西可能既非学术著作，也非旅人游记，但却是通过长期观察和品味后提炼出来的心得体会，有一种鲜活和通透的气息。

三是接触层级高。大使们到任后的第一件事是向驻在国的国家元首递交国书。接下来要与驻在国政府的首脑和内阁部长们打交道，要与王亲国戚交往，与国会议员交流，与媒体和文化精英交友，并出席当地的各种重大庆典活动。更为重要的是，大使们要亲自参与一系列高层互访和人文交流的策划安排，这些活动都充满文化内涵，需要仔细斟酌，以达致最佳效果。大使们知道，与驻在国的上层打交道，他们代表的是国家，体现的是国家形象，所做的工作是在为国家广交朋友。所以每一场活动都要做足功课、精心准备。正因为外交工作的特殊性，外交官们接收信息的渠道更正式，内容更权威，因而更具价值。这或许是本套丛书最大的特色和亮点。

四是交流路径熟。深入了解驻在国文化，是为了更好地服务于中外交流。大使、总领事和文化参赞对双边人文交流的情况最熟悉，了解得最多，体会也最深。他们知道双方资源所在，能明察不同领域的互补优势，了解具体可行的操作方案，对中外人文交流有许多前瞻性思考。尽管本套丛书的主旨是介绍各国情况，但相信读者朋友们不难从文字中看到，哪些优秀文化值得学习，哪些文明成果可以互鉴，哪些传播方式和渠道可以拓展。这里面有不少经验之谈和真知灼见，值得细细品味。

当今中国，经济不断发展，社会日益进步，中外人文交流需求更趋迫切。中国的发展壮大必将给世界带来重大影响。中国需要多了解世界，世界需要多了解中国。而文化是增进相互认同的基础，也是促进相互了解的桥梁。进一步做好国际间的文化交流和传播，是一个时代课题，也是一项紧迫任务。中华民族具有海纳百川的胸襟，中华文化具备与各种文明对话的深厚底蕴。任何国家和民族的文化都有可学习和借鉴之处，都值得与之开展深入交流。世界是丰富多彩的，不同文化和文明之间的交流，可以为打造更加美好的人类精神家园作出贡献。

文化因交流而多彩，因互鉴而丰富，因融通而美丽。我希望《视界：资深外交官评说异国文化》丛书能为读者朋友们提供一个新的视角，带来一些新的知识，进而为促进中外文化交流、互鉴、融通作出一点小小的贡献。

这套丛书的出版得到了中国人民大学伦理学与道德建设研究中心世界民俗文化研究所、国际文化交流学术联盟和重庆出版集团的大力支持；中国人民大学哲学院张霄教授为丛书的出版做了大量工作，著名画家何水法先生特地为丛书创作了各国的国花插画，在此一并深表谢意。

胡正跃

2023 年 3 月于北京

目 录

序　I

第一章　2
多姿多彩：越南

第二章　24
世外桃源：老挝

第三章　44
古国圣地：柬埔寨

第四章　70
佛法熏陶的国度：缅甸

第五章　90
黄袍佛国：泰国

104 第六章
　　阳光之邦：马来西亚

126 第七章
　　花园城市：新加坡

144 第八章
　　千岛之国：印度尼西亚

168 第九章
　　热情奔放：菲律宾

184 第十章
　　和平之邦：文莱

198 第十一章
　　鳄鱼之岛：东帝汶

218 第十二章
　　歌舞民族：朝鲜

第十三章　228

一脉相承：韩国

第十四章　242

草原之国：蒙古

第十五章　254

多元文明：印度

第十六章　268

诗之国度：巴基斯坦

第十七章　294

群山环绕：尼泊尔

跋　307

越南国花
莲花

第一章
多姿多彩：

越　南

VIETNAM

中国前驻马来西亚特命全权大使

胡正跃

我的外交生涯是在越南开始的，越南也是我常驻时间最长的国家。早在1973年，我就到了越南，这已经是48年前的事了。

当时，我在北京外国语学院学习了两年越南语后，被外交部选送到越南河内大学留学。那时越战尚未结束，但越美双方已经签订了《关于在越南结束战争、恢复和平的协定》。该协定的核心内容是美国从越南南方撤军并停止对越南北方的轰炸。我们一行10人，是《关于越南问题的巴黎协定》签订之后中国第一次向越南派出的留学生，分别系由不同政府部门和大学院校选派。

越南河内综合大学越语系的学生多来自社会主义阵营国家。除中国外，还有苏联、东德、波兰、保加利亚、罗马尼亚、阿尔巴尼亚、古巴、蒙古等国，日本共产党派出的3名学生也和我们一起学习。

各国留学生在胡志明主席故居前合影

1975年4月30日，越南北方军队攻下西贡，越南南方获得全部解放，进而实现了全国统一。

当时，越南校方和教育部门组织我们这些外国留学生在河内大剧院门口集会庆祝，大家欢呼雀跃。对越南来说，南方赢得解放是历史性时刻，它意味着多年的艰苦抗战结束了，终于迎来和平时期。各国都在支持越南人民抗美斗争，十几个社会主义国家的留学生们欢聚在一起庆祝，也是应有之义。在这样的大背景下，我在河内综合大学学习了整整3年。1976年秋，我结束了越南的学业，回到北京，同年到外交部报到后便被分配到亚洲司工作，主管中越关系事务。

从1978年到1982年，我在中国驻越南大使馆工作了4年多，那是中越关系最为困难的一段日子。之后，我又于1991年到1993年第二次常驻河内。学习和工作加起来，我在越南总共待了9年，算是较为熟悉这个国度的外交官之一吧。

摩托车上的国家

越南是我国的近邻，与我们国家有着千丝万缕的联系，中越两国的陆地边界线长达1400多公里。我们和越南打了上千年的交道，彼此间的关系有起有落，密切程度可想而知。尤其是到了近代，两国的命运也是紧密相联的。因为两国具有相同的历史遭遇，所以自然地在反抗外来侵略的斗争中站在了一起。对中国而言，越南就在我们的家门口，两国关系可谓唇齿相依。

越南基本上是一个农业国家，它的地形比较狭长，从南到北的长度有1600多公里，中间窄，两边宽，像是一条扁担挑了两个箩筐：

1. 会见越南驻华大使范星梅
2. 陪同张德维大使拜会越南前总理范文同

第一章 多姿多彩：越南

一个是北部的红河平原，面积约2万平方公里，另一个是南部的九龙江平原，面积4万多平方公里，两者都是越南的大粮仓。现在，越南是东南亚地区最大的稻米出口国之一。九龙江平原的稻米生产规模和产量都很庞大，整个中南半岛80%的粮食出口量都来自这个地区。

越南的农业经济支柱源于四种产品：一是水稻，二是水产，三是水果，四是咖啡等经济作物。越南的地形西面高、东面低，众多河流由西向东汇入大海，海岸线长3200多公里，拥有丰富的水产品，其中不少都用于出口。

越南还有很多山地，山地类经济作物也开发得不错，咖啡产业得到了大力发展。越南的咖啡最早是由西方人引进的，越南的很多地方可以种植咖啡，但越南中部、中南部的高原地带是最适宜的地方。越南的水果遍地都是，特别是南方的水果，取之不尽。越南的南方有很多椰林，在影视剧里经常能看到大片椰林出现。现在，他们国家的很多椰子都出口到了中国，海南省就进口了不少。此外，越南的香蕉、菠萝、柚子等水果也都非常好吃。

再比如火龙果。我印象中，中国本来鲜少见到这种水果，后来很可能是从越南引进，逐步推广种植起来。越南人将火龙果称为青龙果，因为它的藤是青色的。而中国人则是因为看到它的果实是红色的，所以将其称为火龙果。果实本身不是"龙"，攀爬的藤才是"龙"，所以青龙果这个叫法更贴切些。

这几年，越南经济发展的步伐加快，引进了大量外资企业，特别是劳动密集型加工企业。越南经济的短板是没有一套完整的工业体系，单纯依靠加工工业很难有大作为。到现在为止，越南的人均GDP仍停留在3000美元左右，要想成为发达国家，还有很长的路要走。

另一个制约越南经济发展的重要因素就是人口众多。越南的国土面积只有30多万平方公里，但目前有9000多万人，在东南亚位居第三，仅胡志明市就有1000多万人口，大街上人满为患，遍地都是摩托车。

越南的城市化问题也比较严重。河内城市不太大，但人口已达600多万，其中外来人口约占2/3。这些外来人口基本上都来自农村，他们涌入城市后，河内的人口激增，再也没有20世纪70年代初的安静和闲适了。现在的河内，整个城市里都是穿梭往来的摩托车和汽车，每天24小时好像没有一分钟是安静的。

一个中等国家，要把这么多人组织起来，建设好、发展好，谈何容易。从大的方向上说，中越两国都是共产党领导的社会主义国家，发展才是硬道理。我们都要解决老百姓的温饱问题，并推动国家往前发展。这样的大方向决定了两国在发展过程中有很多相似之处，稳定是最重要的，还要解决老百姓衣食住行、教育、医疗等方面的问题，这对一个底子薄、人口多的国家来说是很难应对的事。要解决以上问题，在客观上需要一个强有力的政府和中央机构带领国家往前走。越南很善于研究和学习中国的经验，每次我国召开了党代会之后，他们都会及时地把工作报告翻译成越南语，并在主要的报纸上刊登。我国所说的改革开放，在越南则被叫作革新开放。在这方面，越南共产党做出了不小的成绩。在越南，共产党能够长期执政，除信仰之外，也因为共产党具备广泛的社会基础。

儒家思想的浸润

中越关系中还有很多值得研究的，比如文化。越南的本土文化除了具有典型的农耕文化特征外，还在很大程度上受到中国儒家思想的影响。比如在哲学上，除了尊崇老祖宗的儒家思想外，还强调佛、儒、道三教同一，越南也重视现代马克思主义哲学、伦理学等。

越南是东亚文化圈的一部分，它深受儒家文化或者说是中国文化的影响。在历史上的很长一段时间内，越南都处于郡县时代，宋朝立国后，宋太祖封今越南北部红河三角洲地区的丁部领为交趾郡王，越南才从中国独立出去。我曾上过河内综合大学文学系和历史系的课，其中专门开设有古汉语课。因为越南人要想研究自己的历史，首先要能读懂《史记》，因为在《史记》中才有关于这个国度的最早记载。

儒家思想是入世的，尊师重道，讲究社会伦理秩序，深受儒家思想影响的越南人也同样尊重师长、尊重知识、好学上进；家国一体的思想深入人心，国家领导人就像是大家长，对国家民族负有无限责任。越南人将家庭中的称谓放大并使用于整个社会，按年龄辈分称呼自己身边的人。

会见越南外交部副部长

文化的力量民俗文化

越南的节庆与中国的基本一致，他们也有春节、端午节、清明节等。中越两国关系不好时，有越南人曾主张把节庆日改一改，按越南自己的黄历计算，结果发现越南春节的日期跟中国的春节相差了两三天。但人们这样坚持了几年后，又改了回来，因为感觉变了。所以说，民俗和民风一旦形成，是不可以随便改变的。

越南人过春节有自己的特色。中国人过春节时，北方人吃饺子、南方人吃年糕，越南人过春节时吃的是粽子。中国人过春节时喜欢赏玩梅花，而在越南，北方人过春节时每家每户都会准备一枝桃花，南方人则会准备黄梅。越南人过春节也会全家人聚在一起吃年夜饭，过年时要贴春联，春联一般都是用汉字写的，也有人会写越南拼音字的春联,但用的仍旧是毛笔和红纸。直到现在,每年过年前,越南的家家户户还会到河内的文庙去"请"汉字对联。

另外,因为受西方文化的影响,越南人也过圣诞节,即使是在越战期间,圣诞文化也盛行于河内市。到了圣诞节这天,河内大教堂常被人们堵得水泄不通。

语言文化

在1946年的《越南社会主义共和国宪法》公布之前,汉字一直是越南的官方文字,该宪法颁布后,确定了越南的国语文字是现代拼音化的越南语。越南语是越南主体民族——京族的语言,但其中"借用"了大量中文词汇,越语中大约有60%的词汇是从中文里借来的。越南人将此类词汇叫作汉越词,将其读音叫作汉越音,越语中稍微抽象一点的概念基本都是用中文来表达的,比例大约为60%。不仅如此,越南民间对汉字是怀有敬意的,汉字对他们来说是很神圣的东西。在越南农村,是不允许小孩子在地上写汉字的,因为汉字是"圣字"。

中国和越南这种在语言上的深层次的历史关系,对两国之间的文化交流产生了很大的影响。以前,我们认识的越南老一辈的诗人、文学家、音乐家等,都受到了中国文化和文学的极大影响。我记得在1977年,越南著名作家朱文在上海见到了巴金,当时由我给他们做翻译。朱文说:"越南的很多知识青年就是看了巴金的《家》

会见越南友好组织联合会主席阮芳娥

《春》《秋》之后才走上革命道路的。"巴金听到这里眼泪都下来了。那时候,中国的大量文学作品都被翻译成了越南文,许多名家名著在越南可以说是家喻户晓。

流行文化

我们的电影和电视连续剧对越南的影响也很大,越南观众追起中国的电视剧可能比我们自己还上心。最早被引进越南的中国电视剧是《西游记》,至今已经在越南的电视台重复播放了100多次。1994年,《渴望》在越南播出。据说,当时越南政治局开会开得差不多的时候大家都在看表,准备散了会回家看《渴望》。从《渴望》开始,只要中国推出了好的电视剧,越南观众基本会照单全收。他们特别喜欢中国的古装剧,从《还珠格格》到《延禧攻略》,很多越南人对剧中的故事情节和人物特征如数家珍。

广受越南人欢迎的还有中国的流行歌曲。中国很多流行歌曲都被翻译成越南语,有些歌曲未经翻译他们就直接用中文唱,比如《月亮代表我的心》。

宗教文化

宗教在越南文化中也占有重要地位。有一个说法是:80%的越南人都是佛教徒,这里所说的佛教徒不是指剃度的僧人,而是指一般的信徒。越南虽然佛教信徒众多,但并不是佛国,与斯里兰卡、泰国等典型的佛国相比,其宗教色彩并没有那么浓厚。总的来说,它的佛教文化也受到了中国的影响,越南人信奉的是大乘佛教。此外,越南也受到其他外来宗教文化的影响。越南在历史上曾经被西方列强殖民过近百年,他们也受到西方宗教的影响,越南目前有800多万名天主教(包括耶稣教、福音教等)教徒。

服饰文化

越南还有一种很有趣的服饰文化。越南女子会穿一种叫"奥黛"的传统服饰,这是20世纪30年代的产物。据史料称,奥黛是以中

穿奥黛的越南女子 | 摄影：彭世团

国的旗袍为原型，并按照越南的气候条件改进而成的，也就是越式旗袍吧，很能衬托女性的身材。奥黛的图案以花卉居多，颜色搭配淡雅清新。作为越南的传统服饰，其审美风格与中国很接近，民族服饰或许会成为两国文化交流的一个亮点。越南女性在日常生活中较少穿奥黛，一般只有在节日时才会穿。但年轻的女学生很喜欢穿奥黛，顺化的学校组织中学生、大学生参观皇宫时，学生们穿的就是奥黛。奥黛的样式较多，河内市有很多裁缝店可以为顾客量身定做奥黛。

越南的少数民族比较多，大多分布在中越边境和中南部高原地带。很多民族和我们的民族是相通的。像我们中国的壮族在越南就另外取了个名字，叫侬族或岱侬族。越南还有苗族，分布于西北的黄连山地区。在越南当地有大量的傣族人口，数量有上百万。所以越南也是一个多民族的国家。

庭院文化

越南还有一种庭院文化。在越南，每家农户基本都有一个小院子，院子里有树木和花花草草，收拾得很好。越南人热衷于在院子里种树，条件更好、比较讲究的人家还会种上竹林。在施行革新开放的过程中，越南曾提出过一个叫作"庭院经济"的概念。所谓庭院经济，简单地说就是每家要有几亩田、几头牛，有自己的家园。我觉得，他们保留的这些东西是农耕文明的社会基础，根没有动，这是很宝贵的。我们现在仍会在越南感受到农耕文明的文化气息，那里没有过度的工业化所带来的环境污染，空气质量也比较好。

越南是一个农业社会，老百姓比较淳朴。你到了农村，进到当地人家里，就能实实在在地感受到他们的性格是怎样的，都很勤劳，认认真真地干活，客客气气招呼客人。虽然现在也兴起了农村人外出打工的潮流，但总体来说，越南的农耕文明仍然保存得比较完整。比如你去别人家做客，一定要留下来吃饭，主人会将最好的东西拿出来招待你，送别时再送你一些自家的水果等。他们还保留着田园风光，这一点特别好。比如越南北部平原的风景。你出了河内以后，如果往海防那个方向去，来到广宁省那一带，就会发现那里的风景和我们的桂林山水一样美，有山有水有稻田。老百姓赶着牛在水田里插秧，展现出一幅很平和的生活画卷，非常迷人。

主流文化与多元文化

越南的主流文化就是他们本民族京族的文化，尽管本民族文化中掺杂着大量外来因素，但越南人试图消化这些外来因素，为其本民族文化所用。由于长期处于对外来强国文化的抗争中，越南整个国家的民族自尊心就变得比较强。越南不会轻易地站到某个大国那一边，他们不想被外界左右。越南以中国为参照，但走着自己的路；吸收西方文化，但也反对全盘西化。

对越南的年轻一代，尤其是社会精英来说，外来文化的影响很大，但他们血脉里的东西是民族的，从小接受的是爱国主义教育。他们面对的所谓外来文化，即西方文化和中国文化。中国文化对越南来说是连接传统文化的纽带，又符合革新开放的需要，所以比较好用，也比较实用。但越南始终要走具有自己特色的社会主义道路，而不是完全照搬中国的方法。越南也有崇尚西方的一面，比如说电影，好莱坞的电影更好看，所以对越南产生的影响也很大，而在音乐、舞蹈、文学等领域，越南可能受中国的影响更多一些。

在越南，不同的地域受到的外来文化影响也是不一样的。西方的流行文化更多的是通过南方的胡志明市传进越南的，一直影响到北方。越南语的标准发音是河内话，但很多电视主播都不太讲北方话，可能是觉得西贡话更时髦、更洋气一些。年轻人也都追捧南方的主持人、影视明星等。总体而言，南方更为开放，和国际接轨的程度更深一些，而北方的本土文化站得更牢。这有点像20世纪90年代，中国大陆的年轻人喜欢追随港台流行文化的现象。

美景与美食

越南是个挺有意思的地方，很容易让我们中国人产生亲切感。如果你打算去越南旅游，看看那里的风土人情，领略一下那里的秀美风光，我推荐你在秋天去越南，但实际上也取决于你去的是北方还是南方。越南的南方基本上属于热带，一年四季都可以去，尤其是中南部的海滩，是特别好的去处。南部有芽庄，中部有岘港，都有世界上最好的沙滩。北方最主要的景色在下龙湾地区，下龙湾被称为"海上桂林"，这里的海水像一面镜子，海面十分平静，海上有3000多个石灰岩小岛。下龙湾的风景千姿百态，晴天有晴天的美，阴天有阴天的美。阴天时的海湾像水墨画一般，到了晴天，那又是另外一幅美景。坐在船上观景时，船是往前走的，后面的景色像是在跟随着人一起动。所以，有人说："游览下龙湾，你永远不需要摆pose。"你不需要特别取景，随便一拍就能拍出好照片。新华社的老社长穆青先生也是一名摄影艺术家，当年我陪他去下龙湾时，他说："我到过100多个国家，但是没有哪个地方比下龙湾更美。"如今，下龙湾已被评为"世界新七大自然奇观"之一。我们平时旅

| 1 | 1. 下龙湾香炉石 | 摄影：彭世团 |
| 2 | 2. 越南顺化 |

第一章　多姿多彩：越南

游总是像蜻蜓点水一般，看不到更深入的景色。船多，水浅，人多，环境比较嘈杂，所看到的往往不是最美的景色。在下龙湾越往深里去，风景就越美。有好几部美国大片都是在下龙湾取景拍摄的，包括《007》和《金刚》系列电影中的几部。

越南还有好几座值得一看的古城，其中比较典型的是位于中部的故都顺化，它是越南历史上的最后一个朝代——阮氏王朝的首都，这个朝代延续了100多年。阮朝的皇宫是比照北京的故宫修建而成的，越南文化的精华基本都体现在那里了。顺化人也很有特点，他们称自己是故都之人，说话节奏较慢，带有一种惬意闲适之感。顺化有一条著名的香江，在越南的诗词里经常被提到，少女、斗笠、小船、月色都是用来形容香江之美的关键词。顺化的街道比较整洁，植物修剪得特别考究。街道上还会有一丛一丛的小型竹林，竹林背后可能就有一个咖啡馆。坐在咖啡馆里，你可以听着顺化人唱的民歌小曲喝杯咖啡。到了晚上，你还可以看看星星，体验一下傣族乐曲《月光下的凤尾竹》所传达的那种宁静的美。

如果你想体验越南深度游，那越南可以玩的地方真的太多了，比如，越南北方有个景点叫三岛山，离河内有六七十公里的距离。当你站在山上时，能俯瞰整个红河平原的景色，山顶上有点类似于中国的庐山，云雾缭绕、空气清新。而越南南方的高原地带也有很多有趣的地方，比如大叻等，这些地方都值得走一走。

越南最有名的小吃是米粉。越南人做米粉所用的汤是骨头汤，炖煮的时间较长，一般要五六个小时。米粉比较新鲜，有弹性，够劲道，这可能与他们的加工方法有关系。越南的米粉有鸡丝米粉、牛肉米粉等不同种类。鸡丝米粉里的鸡肉为什么那么鲜美呢？我觉得，是因为那些鸡是走地鸡。鸡肉好，汤头好，米粉好，再加上特制的调料，自然就是不可多得的美食。

越南的春卷也很好吃，有一种独特的味道。和中国的春卷不同，越南春卷的皮不是用面而是用米粉做的，馅和调料也比较特殊。

再有就是海鲜了。越南离海近，所以海鲜是应有尽有。海鲜的价格也不贵，加之越南的消费水平不是很高，所以你只要舍得花点钱，美餐一顿应该不成问题。有当地的导游在学习说中文，语言沟通不是太大的障碍。越南的住宿和消费也不是很贵，可以接受。

走出去，走进来

现在，每年有四五百万名中国游客去越南旅游，但大多都是走马观花，而走马观花式的旅游是很难真正了解一个国家的，也很难真切地体验到异国他乡的文化。我们应该去更深入的地方，了解别国的文化和风土人情，了解他们的音乐、舞蹈等文化领域。

现在，我们的出游还是比较表面化的。不过这才刚刚开始，也不必要求太高。以后，当大家真正意识到文化交流和文化认同的重要性时，情况就会有所改变。我们和周边国家要加深互相了解。在国与国之间的文化交流方面，可以多一点传播，多一点研究，多一点互动，我们应学会真正和外国的普通民众做朋友。如今，中越两国都有很多互派留学生的项目,规模可能都在万人以上。在中越历史上,这么大规模的访学交流可能是前所未有的。对于双方加强了解来说,这是一个非常好的途径。

一个留学生的来访经历,会影响他的整个家庭,而从一个家庭就可能影响到一个村子。我们需要让别人了解自己,也需要让自己了解别人,只有互相了解才会实现彼此间的理解,有了理解才会有好感,有了好感才能多一点友谊、少一点猜疑。理解并不等于我要支持你所有的言行,但至少我们能够懂得彼此,这样两国的关系才能和睦。你和谁处不好都没关系,但和邻居的关系一定要处好。

文化交流非常重要。双边经贸关系就是做生意,贸易和经济合作讲求的是利益,要成为好邻居,利益结合便是需要的,但这是浅层次的东西,真正深层次的东西,还得靠文化来实现。要使两个国家真正建立起长期友好的合作关系,只有在文化层面达成相互理解、彼此认同才行。文化这种软性的东西一旦建立起来,往往比硬性的利益关系更结实。而在文化交流方面,中越之间是有深厚基础的,有好多事情,两国是可以互相借鉴、共同进步的。比如,越南的咖啡就做得比我们的好,越南人种植和饮用咖啡已经几百年了,而我们国家才刚刚开始起步,有很多经验值得我们学习。再比如越南的磨漆画,就是用生漆打磨出来的画,算得上越南的国粹。大概在15世纪的时候,越南就开始接触欧洲艺术了,他们的磨漆画结合了东方的工艺和西方的画面风格,做得非常精致。越南的竹子乐器也很特别。在目前的中越文化交流中,越方向中方介绍得比较多的乐器，如特令琴、科龙布琴等，都是越南音乐家以越南西原地区的少数民族的乐器为基础而创制的，声音清脆，演奏出的音乐能够很好地阐释出越南的民族风情。这些都是文化交流的载体，我觉得，中越双方可以多开展一些文化交流活动，介绍彼此独特的自然风光和风土人情。

我们应该将周边国家的优秀文化介绍给中国的老百姓。只关注自己国家的文化是不够的，我们还应了解外面的世界，更多地了解来自外面世界的文明。交流的目的在于交融。我们不能只是一味地要求自己的优秀文化走出去，也要让别国的优秀文化走进来。

所以，文化交流还是要一个国家一个国家地去研究，把每一个国家研究透彻。然后研究怎么做好民心相通的工作。这是真正需要我们深耕细作的大文章，从东盟、南盟、东北亚、中亚等地区开展起来。我和越南打了很多年的交道，总是希望两国的关系变得更好一点。在我看来，中越两国的官方交往是比较友好的，就是少了一些民间的交流。在这方面，我们还可以多下功夫，提出一些具体的举措，切切实实地做事，而且要把事做好。

鸡蛋花／占芭花 老挝国花

第二章
世外桃源：

老 挝
LAOS

中国前驻老挝特命全权大使

关华兵

老挝虽然是我们的邻国，但国内的很多人对它都不太了解。老挝是我国在东南亚的一个近邻，与我国的云南省接壤，中老两国之间有508公里的共同边界。我对老挝的第一印象是那里的人民非常友好、热情善良。

老挝的国土面积为23.68万平方公里，跟广西的面积差不多大，人口有700多万，可以说是地广人稀。老挝的地形以山区和高原为主，北部多高山，往南海拔高度逐级下降，呈现出北高南低的地理特征。老挝的气候为热带、亚热带季风气候，每年分雨、旱两季，雨季是5月至10月，旱季是11月至次年4月。除北部高山地区外，其他地区的季节性温差变化不太大，年平均气温约为26℃，12月份到次年2月份间，老挝首都万象的气温一般是17℃~18℃，感觉很舒适。

老挝有50个民族，按语系分，可以分为老泰语族系、孟－高棉语族系、苗－瑶语族系、汉－藏语族系，他们统称为老挝民族。也可将老挝人大致划分为三大族系，即老龙族、老听族、老松族。老龙族多生活在平原河谷地区，老听族多生活在坡地和丘陵地区，老松族则多生活在高山地区。老龙族的人口最多，老挝语就是老龙族的语言。

历史上的战火与硝烟

因为缺乏史料，学术界对14世纪前的老挝历史存在争议。14

世纪中叶，老挝出现了历史上第一个统一的多民族国家，这就是法昂王建立的澜沧王国，定都琅勃拉邦，后来塞塔提腊国王迁都至万象。澜沧王国缔造了老挝历史上的一段昌盛时期，后来国运衰败，老挝先后分裂为北部的琅勃拉邦、中部的万象和南部的占巴塞这三个王国。三国之后又沦为暹罗属国。

19世纪末，老挝沦为法国殖民地，在二战中一度被日本占领。老挝人民一直没有停止抗争外来侵略，1945年二战结束，老挝宣布独立，但法国殖民者重返印度支那，老挝人民和印度支那其他国家的人民一起开展抗法斗争。1954年，奠边府战役取得胜利，法国人撤出老挝。不久后，美国侵略者又来了，老挝的抗美战争一直打到1973年，美国被迫签订《关于在越南结束战争、恢复和平的协定》，美军从越南南方和老挝撤出。1975年12月2日，老挝人民民主共和国宣告成立。抗美战争时期，著名的"胡志明小道"经过老挝，遭到美军的猛烈轰炸。有资料显示，美国在老挝投下了近300万吨炸弹，而当时，老挝全国的人口数量也仅有300万。直到现在，老挝还留有很多未爆炸弹，时常因此而造成伤亡事件。我在老挝工作的时候，曾参观过国际组织在老挝川圹省设立的一个排雷中心，他们根据美国军方提供的战时轰炸计划，在电脑上用红色标示美国飞机的投弹点，老挝中部地区的轰炸点密密麻麻，红色的投弹点几乎连成了一整片。透过这一片红色，仿佛可以看到当年的火光血影，体会到战争的残酷。这段历史在老挝人民心中留下了深深的创伤。

发展现状

作为联合国公布的欠发达国家,老挝的工业开发相对滞后,应该说,刚处于工业化的起步阶段,存在着发展不平衡的问题。比如,在城市中可以看到一些现代化的建筑、高档轿车,许多人在使用 4G 手机,但在农村的一些地方,至今还保留着传统的刀耕火种的习俗。不过总体看,在整个东南亚地区,老挝属于发展速度较快的国家,近些年来一直保持着较高的经济增长率,2020 年,老挝的人均收入为 2664 美元。

老挝的土地资源丰富,大米可以自给自足,这也是上苍对老挝的眷顾。老挝的气候条件适合种三季稻,但是他们基本上只种一季。老挝的人口比较少,种一季稻即可自给自足,周边的泰国、越南、柬埔寨、缅甸也都是稻米大国,如果没有订单需求,种多了会产生储存和销售的问题。老挝的水稻采用广种薄收的方式,没有像我国这样施行精细的大田管理方法。除了水稻,山坡上也种有旱稻,米粒是浅棕色的,味道也不错。老挝的稻米品种众多,这也为高产新品种的培育提供了较好的资源。

老挝的工业化程度比较低,很多生活日用品都依赖进口。目前能出口的大宗产品主要是矿产、水电等,老挝政府认为应该充分利用良好的自然环境,大力发展绿色有机农业,增加大米以及咖啡、橡胶、香蕉等经济作物的产量,通过出口来改善贸易结构。老挝政府非常看好大米的出口,主要目标市场就是中国,老挝政府很重视这件事情，老挝的领导人到国外访问时都将他们的大米作为礼物。我在任时，老挝首次实现将大米出口到中国，其后，我国的有关部门又增加了进口老挝大米的配额。我国的一些农业企业也到老挝与当地企业开展合作，按照中国的进口标准生产加工大米，收效不错。老挝大米确实很好吃，在我们国内的售价也不低，说明是有广阔市场的。

中南半岛的要塞

老挝的地缘位置很重要，地处中南半岛中心，被称为"中南半岛的瓶塞"。在开展"澜沧江—湄公河合作"的六国之中，只有老挝跟其他五国都接壤，按顺时针方向，位于老挝周边的国家依次为中国、越南、柬埔寨、泰国、缅甸，刚好把老挝围了一圈。

老挝拥有丰富的自然资源，这成为发展经济的先天优势。一是水利资源丰富。老挝是湄公河干流流经河段最长的国家，其河段长约1900公里，境内还有很多支流，理论上讲，水电资源可开发量约为3000万千瓦时。老挝的电力除了供自己使用外，还可输出到邻国，用老挝人自己的话说，他们要做"东南亚的蓄电池"。二是矿产资源丰富。在老挝的经济结构中，第一大支柱就是能源矿产业。老挝目前已发现金、铜、铁、铅、锌、锡、铝土、钾盐、石膏、煤和稀土等20多种矿产。其中，钾盐的储量很大，在世界上位居前列。三是森林资源丰富。老挝的森林覆盖率也位居世界前列。当地出产的大红酸枝、花梨等红木很有名。四是旅游资源丰富。老挝拥有东南亚最棒的旅游元素，2013年，老挝被欧盟理事会评为"全球最佳旅游目的地"。老挝政府十分重视可持续发展，把旅游业作为重点培育的产业之一，他们看到了绿色生态旅游资源的价值和潜力，并认识到发展绿色生态旅游对保护生态环境的益处。老挝政府把2018年定为"老挝旅游年"，采取了很多吸引国外游客的措施。

老挝蓝天白云，空气清新，山清水秀，民风淳朴，文化多彩。在万象、琅勃拉邦、万荣等著名旅游城市，温煦阳光，七彩云霞，金色庙宇，静谧河畔，河中摇曳的小船，岸边小啤酒屋里"发呆"的游客，都让老挝具有了令人神往的独特异域风情。

佛教文化与政治形态的交融

老挝人大多信奉佛教，佛教确实对老挝的文化产生了深刻影响。在老挝，南传佛教是用梵文和巴利文进行传播的，现在老挝语的文字就是在梵文和巴利文基础上演变而来的。老挝人信仰南传上座部小乘佛教，相信因果报应、人生轮回，重在自我完善与解脱，关注积功德、修来世。所以有人认为老挝人并不太看重现世的努力，更多采用修来世的态度处世。我第一次与老挝人相处时，觉得他们极其淳朴、和善、友好，他们总是面带微笑。按习俗，老挝的男子在一生中至少都要出一次家，大多会在工作或者结婚前，最短的修行时间是7天。老挝的寺庙实际上起到了一种教化作用，在这里，人们除了学习知识外，还学习做人的道理。在现实社会中，老挝的佛寺教育和正规教育是并行存在的。在老挝，出家被认为是积功德的行为，会得到全家的支持。僧人在老挝享有很高的社会地位，非常受人尊敬。

在琅勃拉邦，僧侣布施已经成为一道独特的风景线。清晨，各个寺庙的僧人穿着袈裟，光着脚，托钵化缘，行走在街道上，男女信众跪坐在街道旁，非常虔诚地献上食物。僧人们回到寺庙后把化缘来的食物集中放到一起，重新加热后食用，他们每天只吃早中两顿饭，过午不食。对信奉佛教的老挝人来说，参加佛事活动是他们日常生活中的重要内容。使馆中有些当地雇员，经常要去庙里参加佛事活动，即便是在工作日，我们也尊重他们的信仰，允许他们请假。

多数人信奉佛教是老挝的国情，政府在这样的国情下执政和建设社会主义，可能就是老挝的特色了。老挝政府把佛教视作传统文化，在老挝抗击外来侵略的历史上，佛教僧侣曾积极参加救国斗争。所以，尊重佛教文化和僧侣，并充分发挥佛教在维护社会稳定和谐方面的积极作用，也是符合老挝国情的一种政治智慧。

我与老挝的缘分

我在2013年6月至2017年1月期间任中国驻老挝大使。2013年6月，我到老挝的首都万象赴任，之后正式向朱马里主席递交国书。老挝当时刚刚实施外交礼宾改革，一年中只在3月、5月、9月、11月这4个月份安排外国驻老挝使节向国家主席递交国书。我去时正处于5月和9月间，正常情况下要等到9月份再递交国书，但是老挝方面在我到任后的第三天就安排了递交国书的仪式，而且朱马里主席和我交谈的时间也大大超出了正常礼宾接待的时间。当时，有另一个国家的大使，他和我到万象的时间差不多，并没有被马上安排递交国书。他看到中国大使递交国书的报道后就问我："你怎么能这么快就递交国书？能不能介绍一点经验给我。"我说："这不是因为我个人有什么特殊本事，主要是因为我们两国关系好，而且我的前任大使工作基础打得好，另外可能是因为我运气不错吧。"后来，按照老挝的礼宾规定，他被安排在9月份递交国书。从老方对中国大使的这一特殊做法，也可以看出，两国关系非常友好，老方对中老关系的重视。

我在老挝工作期间，接触了很多老挝人。有国家领导人、各级

手持中老两国国旗的老挝少年

部长、外交官，也有基层干部、普通老百姓，还有企业员工、农民、军人、教师、学生等。我有一个深刻的感受，就是老挝人非常友善温和、热情好客。老挝人对中国十分友好，知道中国发展得很快，取得了显著的成就，都希望学习借鉴中国的经验，加强中老间的交流与合作，加快发展自己的国家。"汉语热"在老挝方兴未艾，许多老挝人希望在当地学习汉语，或到中国去学习。老挝十分感谢中国在其开展救国战争时期和现在的和平建设时期所给予的支持和帮助，总是不吝于表达感激之情。老挝人待人谦和，不管出现什么事情，哪怕有可能对他们造成不便，他们也总会说出那句口头禅"没关系"。节庆活动中，人们摩肩接踵，发生肢体碰撞或者踩到对方的脚是常事，老挝人也是一句"没关系"就能化解。在老挝期间，我从未看见老挝人当众争吵。

与中国的交流合作

老挝的执政党是老挝人民革命党，坚持社会主义方向，在社会制度、文化和民族感情方面，老挝和中国有着天然的亲近关系。用老挝朋友的话说，我们是有着共同理想信念的友邻。中老关系非常友好，不存在任何历史和现实的纠葛，两国是传统的友好邻邦。20世纪，在老挝抗美救国的战争中，我国提供了支援和帮助，一些同志因遭美机轰炸牺牲在老挝，至今还长眠于老挝的土地上。老挝境内有3座中国援老挝烈士陵园，近年来，两国间达成协议，拨专款用以修缮陵园,每年的清明节和国家公祭日,中国使领馆都会派专人前往陵园进行祭扫。现在,中老关系是高度互信、互助、互惠的全面战略合作伙伴关系,在两国领导人的引领下,中老双方正在共同构建具有战略意义的中老命运共同体。两国在政治、经济、文化、安全、国际事务等各方面保持着密切合作。老挝是我们在"一带一路""澜湄合作"中的重要合作伙伴。近年来,双方大力推进发展战略的对接,在"一带一路"倡议等合作框架下开展了一系列重大项目合作,共同推进中老经济走廊建设。这些项目的建设与老挝的"变陆锁国为陆联国"的发展战略高度契合。老挝是东南亚唯一的内陆国家,没有出海口,是被"锁"在内陆里的国家,它希望通过发展基础设施,加强和周围国家的互联互通,由"锁"变"联",将劣势变优势,成为东南亚地区的人流、物流枢纽。

在中老务实合作中,中老铁路建设是一个标志性的大项目,也是在"一带一路"倡议提出后,首条以中方为主进行投资建设、与中国铁路网直接连通的国际铁路。中老铁路的起点位于云南昆明,经磨憨口岸出境,向南延伸至老挝首都万象,在老挝境内的段长为400多公里,其中桥梁隧道所占比例超过60%。2015年12月2日是老挝建国40周年纪念日,当天,在万象隆重地举行了中老铁路开工奠基仪式,当时正在访老的中共中央政治局常委、全国人大常务委员会委员长张德江和老挝人民革命党中央总书记、国家主席朱马里等两国领导人亲自为这一项目培土奠基。经过双方做出的一系列前期准备工作,中老铁路的老挝路段于2016年12月25日全面

1. 2015年7月29日，关华兵大使（右二）同老挝人民革命党中央政治局委员兼万象市委书记库派吞·辛拉冯（左三），老中合作委员会主席、老挝政府工贸部部长开玛妮·奔舍那（右一）等为"老挝中华总商会"成立剪彩

2. 2016年2月，"欢乐春节"活动在老挝首都万象市举行。关华兵大使（右三）与出席活动的老中友协主席、老挝政府能源与矿产部部长坎玛尼·因提腊（左三）等贵宾合影

动工，预计在 5 年内建成。建成后，将形成一条连接中老两国的南北纵向交通大动脉，未来还将与泰国的铁路连接起来。这不仅将有力地促进老挝经济社会的发展，也将成为联接中老两国人民友谊的又一条纽带。在老挝工作期间能有机会参与中老铁路建设的相关工作，是我一生的荣幸。

民俗和节庆文化

老挝的节日很多，而且大多与佛教有关。在老挝，泼水节是最重要的节日，也被称为浴佛节、宋干节、老挝新年，时间在每年的 4 月（佛历五月）中旬。"宋干"在老挝语中是"求雨"的意思，这个节日跟农耕社会的关系非常密切。庆祝泼水节时会举办很多活动，如浴佛、泼水、拴线、堆沙、放生等，令人印象最深的是浴佛和泼水。

在泼水节的第一天，老挝人会穿上节日盛装，用专门的器皿装满用鲜花浸泡的水，成群结队地来到寺庙中。人们用树枝蘸满水，洒在佛像上，再把从佛像上流下来的水蘸在自己头上，以求吉祥。关于老挝泼水节，有一个广为人知的传说，相传泼水节是古代的国王用自己的脑袋换来的节日。在我国云南的傣族文化中也流传着相似的故事，讲的都是泼水节的来历和水的重要性。按老挝人的理解，洁净的水能够带走不好的东西，并给人带来幸福。在泼水节那天，人们会尽情地泼水，平时看起来很安静的老挝人，到这个时候就会变得热情奔放。狂欢活动会持续一周左右的时间，人们互相泼水、赠送祝福，沉浸在欢乐而热闹的节日氛围中。年轻人在街上载歌载舞，用水枪、水盆、水桶等"十八般兵器"将水泼向四周的行人，有的人还会驾驶着载有水桶的皮卡车，把水往路边人群的身上泼。路过的行人和没有关好车窗的司机，都有可能"中彩"，被泼的人也不会生气，因为"泼"来的是福气。每年泼水节，万象还会举办老挝小姐选美比赛，选出的女孩又叫宋干小姐，身着老挝鲜艳民族服装的宋干小姐在万象街头巡游，增添了节日的喜庆气氛。

老挝的外交部每年都会邀请各国驻老挝使节和外交官参加泼水节招待会。身着老挝民族服装的少男少女给来宾戴上用鲜花做成的花环，用树枝蘸上浸泡过鲜花的水，洒到来宾的头上或背上，象征着为来宾带来福气和吉祥。活动中，大家也相互泼水、祝福，遇到平时熟悉的人，就会泼得多一些，从领口泼下去，身上越湿，就意味着得到的祝福越多，越是尽兴。

老挝还有两个与僧侣、普通民众的生活关系密切的节日，分别是入夏节和出夏节，也叫关门节和开门节，分别在7月份和10月份。7月，老挝已经进入雨季，到了入夏节，寺里的僧侣不能再出门云游，而是要在寺里潜心修业，普通人也不能在这期间举行婚礼，这样的状态一直要持续到10月份的出夏节。出夏节时，老挝要出雨季了，僧人们可以远游，去拜访别的寺庙，新郎新娘也可以喜结良缘，这一时期就会成为举办婚礼的旺季。

每年的佛历12月（公历11月），在万象市还有一个塔銮节。

塔銮在老挝人心中有非常崇高的地位，老挝的国徽正中间的图案就是塔銮。塔銮是座佛塔，澜沧王国的塞塔提腊国王从琅勃拉邦迁都到万象时，修建了这座金色的佛塔，据说里面保存着释迦牟尼的胸骨舍利。在历史上，这座佛塔多次被毁，也一再被修复。2016年，时值老挝建国40周年，万象市政府又修缮了一次佛塔，用了十几公斤黄金将塔顶加以装饰。每年12月，老挝全国上下的高僧都会来到这里，诵经祈福，信众们也会来布施、听讲、绕塔、提灯游行等。此外，老挝还有佛诞节、龙舟节、高升节等许多节日。

老挝有一个独特的拴线仪式，在老挝人的社会生活中，这是一种非常普遍的活动。拴线仪式最初是一种进行招魂的仪式，后来就发展成了消灾、祝福和迎宾的礼节。老挝人还流行跳一种"南旺舞"，"南旺"是圆圈的意思，跳的时候，男士在内圈，女士在外圈，舞蹈动作并不复杂，这种舞代表着团结，在民间婚礼或政府庆典、外交活动当中都很常见。有人按中文的谐音将其称为"难忘舞"，如果你到老挝去旅游，可以体验一下这个有趣的舞蹈。

生活慢半拍

去过老挝的人应该都会感受到老挝人的慢节奏。老挝人比较喜欢悠闲的慢生活，所以在和老挝人打交道时不要着急，什么事都要慢慢来。老挝人认为，人要快乐、要开心，他们不喜欢给自己施加太多的压力。曾经有位中国商人从云南到老挝投资兴业，他跟我讲述了一段亲身经历：他们公司有一个老挝员工，工作能力很好，年终的时候公司给这个老挝员工涨了工资，以示鼓励，没想到不久后这个员工就辞职了。公司的领导想不明白，向那个老挝员工询问原因。老挝员工回答说："公司给我加薪就意味着我还应该再多做一点事，但是我不想再多做工作，就想正常地上下班，可是如果我不多做工作却又多拿了一份钱，我会心里不安,思来想去,只好辞职。"这件事也反映出老挝人的纯朴和他们喜欢闲适生活的思维方式。

2016年7月1日，中国驻老挝大使馆工作人员、在老中资机构代表参观中国援建的中老卫星地面站并合影

一般来说，下班后老挝人就会回家，去做自己的事情，比如打理自家的院子，或者跟朋友喝啤酒，放松一下。东南亚遭遇金融危机之后，老挝政府出台了一项政策，提出公务员除了上班之外还可以从事另一份工作，比如在家里开个小店，或者在农村种块地。这被称为家庭经济或者第二经济。记得有一次，我因为工作给老挝的一位政府官员打电话，他说他正在庄园里干活呢。老挝地广人稀，按照政策，个人可以拥有可继承的土地使用权，很多人在城里有一

套房，在农村还有一个庄园或院子。

在从农耕社会向现代化社会过渡的过程中，有很多传统的习惯、习俗、思想观念被保留了下来，这是老挝社会的一个特点。对在现代社会的快节奏生活中感到疲惫的人来说，老挝人的慢生活自有它的魅力。问题是如何在继承传统文化的同时适应现代化社会的新观念，在两者之间取得平衡，这也是老挝在现代化进程中所面临的一个挑战。在老挝，有些人获得了事业上的成功，按照传统观念，人们会认为这是由于他上一世的修行修得好，现世的成功是上一世修行的轮回和果报。另一方面，随着现代化进程的推进，一些外来的思想观念涌入老挝，对传统社会造成了多元影响。

舌尖上的老挝

老挝人的饮食风格中拥有比较多的自然元素，菜肴偏酸、辣、生。老挝人的日常饮食一般以吃糯米饭和鲜鱼为主。老挝人将糯米蒸熟后，捏成一个饭团，捏得越瓷实就越有嚼劲，再蘸上一点牛皮酱，十分美味。老挝的河流众多，鱼也很多。老挝人一般把鱼剁成碎块，加入各种天然的调料，做成的菜肴既健康又可口。竹筒饭、腌鱼、烤鱼、拌木瓜等都是老挝有名的美食。

啤酒是老挝为数不多可以出口的工业制成品之一，老挝地下水的水质好，酿造工艺也较为成熟，所以出产的啤酒口感不亚于一些国际品牌。现在，在国内也可以买到老挝的啤酒。可能是受到法国文化的影响，不少老挝人还喜欢喝红酒。老挝咖啡也不错，南部的波罗芬高原盛产小粒咖啡，品质上乘。北部的丰沙里省生长着千年古茶树，当地的茶叶品质也非常好。

旅游指南

老挝的旅游资源很丰富，不同地区各有特点，不同类型的游客都可以在老挝找到自己喜欢的风景。从旅游观光的角度，可以将老挝大致分为万象及其周边、北部圈、中部圈、南部圈。最有名的是琅勃拉邦，万象和占巴塞省也不错。琅勃拉邦是历史古都，万象是现在的首都，占巴塞省与柬埔寨、泰国毗邻，它们都处在湄公河流域。

万象市建设得很有特点，没有密集的高楼大厦，它的老挝式建筑很有味道；万象还有地道的老挝食物，以及法餐、意大利餐、韩餐、日餐等供应各国特色美食的餐厅。这里的生活很悠闲，游客可以欣赏湄公河的风光，还可以参观众多寺庙。塔銮和凯旋门等都是万象必去的景点，湄公河的落日也很有看头。

琅勃拉邦属于北部圈。除了琅勃拉邦旧皇宫外，北部还有很多原生态的景观，如著名的光西瀑布。从万象去往琅勃拉邦时会途经万荣，万荣的风景非常漂亮，很像中国桂林，那里的山、水、浮桥、小船，在阳光的照射下有一种静静的美。北部川圹省的"石缸"平原闻名于世，上千个大小不一的"石缸"星罗棋布地散落在高原上，其由来至今仍是一个谜。川圹高原和其南部的甘蒙省、沙湾拿吉等中部省，是当年抗击侵略者的战争打得最激烈的地区，留有不少战争遗迹。中部地区还有很多地下河流溶洞，乘小船穿过长达 7 公里的坦贡洛溶洞，是一段让人难忘的经历。

南部的占巴塞省在历史上也曾是一个王国，那里的瀑布非常有名，孔帕萍瀑布和四千美岛都值得一看，而靠近巴色的瓦普寺建于高棉时期，号称"小吴哥"，与琅勃拉邦城、石缸平原并列为老挝三大世界文化遗产。此外，老挝的高脚屋很有特色，住在高脚屋里，能近距离贴近自然，让人有如置身世外。

这些年，到老挝旅游的中国游客越来越多，可以坐飞机、国际客车等从中国抵达老挝，北京、昆明、广州、南宁、海口、长沙和万象之间设有往返航班，海口、成都、景洪等城市与琅勃拉邦也设有往返航班。也可以从中国开车自驾赴老挝旅游，除了个别地区，挂中国车牌的车辆几乎可以在老挝全境内行驶。中国游客可以开车至磨憨－磨丁口岸，办理入境手续，然后沿老挝的 13 号公路一路南下，经琅南塔省、乌多姆赛省到达琅勃拉邦、万荣、万象等地，再往南走，经过中部地区直到南部，沿途有很多自然风光值得一看。未来，中老铁路修好后，还可以乘坐火车到老挝旅游，那将是一种别样的情趣。到老挝旅游的西方游客以背包客或骑行族为主，他们主要是来老挝感受自然生态、异域风情。

老挝对中国实行落地签政策，中国公民只要持有有效期为 6 个月以上的普通护照，缴纳一定的费用，就可以在口岸申请办理落地签证，停留期为 1 个月。

隆都清韻

隆都花乃柬埔寨之國花，開時節馨香滿城，焉丙申何水法

柬埔寨国花
隆都花

第三章
古国圣地：

柬 埔 寨
CAMBODIA

中国前驻柬埔寨特命全权大使

张金凤

柬埔寨的全称为柬埔寨王国，高棉族为其主体民族，所以柬埔寨旧称高棉。柬埔寨位于中南半岛南部，处在东南亚地区的中心地带，占据着重要的地理位置，是古代海上丝绸之路重要一站。柬埔寨西部及西北部与泰国接壤，东北部与老挝交界，东部及东南部与越南毗邻，南部则面向暹罗湾。柬埔寨的地形为碟状盆地，三面被丘陵与山脉环绕，中部是广阔而富庶的平原，占全国总面积的3/4以上。境内有发源于中国的湄公河、东南亚最大的淡水湖——洞里萨湖。首都是金边市。

古国文明

柬埔寨是个历史悠久的文明古国，早在公元1世纪就建立了统一王国，历经扶南、真腊、吴哥等时期。公元9—14世纪的吴哥王朝为柬埔寨历史上的鼎盛时期，国力强盛，文化发达，创造了举世闻名的吴哥文明。遗留至今的吴哥古迹群里，宏伟的建筑和精美的浮雕巧夺天工，令人叹为观止，在人类文明史上留下了不朽篇章。

柬埔寨于1863年沦为法国保护国，于1953年宣布独立。20世纪50—60年代，在西哈努克领导下的柬埔寨王国被誉为"和平绿洲"。从20世纪70年代开始，受美国发动的越南战争、冷战的影响，柬埔寨内忧外患交织，陷入长达30多年的动乱之中。1993年，柬埔寨问题实现政治解决，国家进入和平与恢复重建时期。柬埔寨于1999年加入东盟，成为东盟的第十个成员国，积极参与地区合作。

柬埔寨首都金边王宫正门

柬埔寨社会总体稳定，民族矛盾和宗教冲突较少。经济以农业、旅游业、加工业为主，市场高度开放，经济社会发展充满活力。柬埔寨于2016年脱离最不发达国家（LDC），进入中等偏下收入国家行列。

柬埔寨有20多个民族，其中高棉族占总人口数量的80%，其他民族包括占族、普农族、老族、泰族和斯丁族等少数民族。柬埔寨人口增长较快，结束战争近30年来，全国人口翻了一番，2017年达到1500万，其中一半为25岁以下的青年人，被称为"东盟最年轻的国家"。

与中国的友好往来

现任国王诺罗敦·西哈莫尼是柬埔寨王室的第97代国王，是诺罗敦王朝的第三代国王，也是中国人民熟悉的老朋友西哈努克太皇和莫尼列太后的长子。西哈莫尼国王继位之后，忠实继承父王推行的对华友好路线。这些年来，中柬两国领导人像走亲戚一样地常来常往，像兄弟般相互信赖，亲密合作，引领两国的全面战略合作伙伴关系一步一个台阶地往上走，共同努力打造具有战略意义的命运共同体。

中国老一辈领导人和西哈努克太皇亲自缔造和培育的中柬传统友好关系，在新时期内不断获得新发展，可以说是"芝麻开花节节高"。我觉得可以用三个"点"来概括目前中柬关系的定位：第一个"点"，柬埔寨是中国开展周边外交和推进"一带一路"倡议的重要支点；第二个"点"，柬埔寨是中国企业"走出去"开展经贸、金融、技术、教育、文化、卫生合作的投资重点；第三个"点"，柬埔寨是中国游客向往的新的旅游热点。围绕这三个"点"，两国还有不少合作潜力可以挖掘，民间也有不少事情可以做。

中国政府提出了在新时期同发展中国家交往的义利观和周边外交的"亲诚惠容"方针，我觉得，中国和柬埔寨之间60多年的交往经历恰恰很好地诠释了这一理念。在柬埔寨取得独立后的60多年里，一些国家出于不同考虑，相继对其提供过支持和援助。比较而言，中国同柬埔寨交往的时间最长，而且不论是在柬埔寨发展顺利还是陷入困难的时候，甚至是在柬埔寨面临民族危亡的时刻，中国都一如既往地提供支持和帮助。中国始终将心比心，急柬埔寨之所急，想柬埔寨之所想，尽可能地给予理解、尊重和支持。中国领导人经常说，我们充分尊重柬埔寨人民对本国社会制度和发展道路的选择，支持柬埔寨政府和人民为维护国家独立与和平、发展经济、改善民生而做出的努力。我认为，这不是一般的外交辞令，也不是一句空头承诺，而是 60 多年来中国对柬埔寨实实在在的支持和行动，也是中国同发展中国家打交道的真实写照。

中国与柬埔寨患难与共、守望相助的佳话，堪称中国外交讲信义、重情义、扬正义、树道义的生动例证。中柬关系最重要的特征就是相互理解、相互尊重、相互信任、相互支持，在关键时刻尤其如此。正因为如此，中柬关系才能超越两国之间在社会制度、意识形态与宗教信仰上的不同，经受得住国际风云变幻的考验而历久弥坚、历久弥新。2018 年是中柬正式建交 60 周年，两国共同举行了一系列的纪念和庆祝活动。

君主立宪制

从法国大革命开始，在整个 19 世纪和 20 世纪内，世界上有多个国家不遗余力地废除君主制，因为在很多人看来，君主制已经明显过时了。那么，为什么柬埔寨在 21 世纪到来之际却还要恢复这样一个古老的制度呢？它还有存在的必要吗？我们观察一下柬埔寨从 1993 年恢复君主立宪制至今近 30 年来的发展和进步，答案应该是肯定的。我认为，一个国家适合实行什么样的制度，是由这个国家的具体国情决定的，是由这个国家的人民自主选择的，外界无论出于什么目的，都不应该干预。

首先，从历史的角度看。从 1953 年赢得国家独立到 1993 年实现和平的 40 年内，柬埔寨国家体制先后经历了王国制、共和制、军事共产主义和人民共和国的更替，孰优孰劣，民众心里最明白。有比较才有鉴别，有鉴别才可选择。应该说，是柬埔寨人民选择了君主立宪制。

其次，从柬埔寨王室的传承看，西哈努克是柬埔寨两大王族诺罗敦（父系）、西索瓦（母系）的后裔，继承了两族并一支的血脉，而且西哈努克于 1953 年使柬埔寨成功脱离了法国的殖民统治，赢得了国家的独立。他亲自领导了三场柬埔寨民族抗击外国殖民和侵略、争取国家独立与和平的爱国斗争，放弃了王公贵族的优渥生活，被迫多年客居海外。他崇高的爱国精神、包容各方的家国情怀、不屈不挠的顽强斗志、对国家民族的历史功绩，天地可鉴，无人可比。应该说，是柬埔寨人民选择了西哈努克作为君主来领导国家。

再次，从西哈努克特殊的经历和才能看，他被尊称为柬埔寨国父，其身份地位既能团结一切爱国力量，又能超脱于各派政治力量之上，是唯一令柬各方都能接受的领袖人物，也是唯一能凝聚柬埔寨民族力量的精神核心。他曾自称柬埔寨的"水门汀"，要搅拌好民族团结的混凝土，共同建设好柬埔寨，无愧于身为吴哥子孙的荣耀。

西哈努克太皇在关键时刻，发挥站位高于各方、团结各方的优势，运用他从实践中积累的政治智慧和经验，把柬埔寨的各方拢到一起，为柬埔寨赢得了战后恢复重建的宝贵时间，使国家逐步走上了和平发展的正轨。

圣地传奇

柬埔寨人经常讲一句话，没有西哈努克太皇，就没有柬埔寨国家的独立与和平。此言不虚。翻开柬埔寨半个多世纪的历史篇章，就会发现，西哈努克太皇应该是一条贯穿于其中的最明晰的主线，柬埔寨所经历的沧桑、磨难和拥有的辉煌都投下了西哈努克的影子。

首先要说说柬埔寨国王是如何产生的。柬埔寨王室与世界上许多国家的王室不同，其王位不能世袭，国王在世时无权钦定王储，而是当在位国王驾崩后，由国家王位最高委员会在安东、诺罗敦和西索瓦三大王族的男性后裔中遴选出新国王。这个特殊的安排，源自法国殖民统治时期。实际上，当时的新国王人选就是由法国殖民总督说了算。

1941年，西索瓦·莫尼旺国王（西哈努克的外祖父）去世，从资历和血缘来说，该轮到西哈努克的舅舅莫尼勒亲王继位，但是法国殖民当局认为他不太听话，于是就把正在西贡就学的19岁的西哈努克王子召回来当了国王。这是西哈努克第一次登上王位。当然，法国人没有想到的是，他们挑选的这个年轻人，并不是他们认为的"花花公子"，也不是他们希望的"听话的小绵羊"，而是一只不好驯服的小狮子。其实，在梵文、巴利文中，"西哈"就是狮

金边市中心的西哈努克太皇纪念碑

第三章 古国圣地：柬埔寨 51

子的意思,而"努克"就是"小",所以"西哈努克"就是"小狮子"的意思。

第二次世界大战结束后,西哈努克顺应时代潮流和民族意愿,带领高棉民族发起抗争,终于在1953年摆脱了法国殖民统治,赢得了国家独立,也为柬埔寨在新世纪的和平发展打下了基础。有关国家代表在1954年日内瓦会议上讨论了恢复印度支那和平问题,达成了关于法国在印支三国(越南、老挝、柬埔寨)停战的协定,法国被迫同意彻底撤军,把所有权力归还给柬埔寨。西哈努克凭借其为柬埔寨国家和民族建立的历史功勋和做出的杰出贡献,被柬埔寨各界尊称为"国家独立之父",的确是实至名归。

西哈努克曾经坦诚地评价自己,本想当个高棉艺术家,然而,命运却使他成为历经坎坷的政治家。可以说西哈努克的一生是几度沉浮,历经沧桑,在世界近代史上也是少见的。但是,为了国家社稷,他能屈能伸,忍辱负重,不忘初心,方得始终。他虽然两次被迫离开自己的祖国,两次主动让出国王的宝座,但他在柬埔寨人民心中所具有的崇高地位却始终没有改变。西哈努克的独特经历,使国际社会加深了对创造了吴哥文明的高棉民族的了解,他可以称得上是现代柬埔寨民族的骄傲。

很多国际政治评论家把西哈努克称作"小国领袖"人物,这个评价是中肯的。确实,西哈努克在各个时期表现出来的治国能力和世界眼光都超出了他所在国家的边界。

20世纪50—60年代,正处于西哈努克亲自执政期间,他刚刚为国家赢得了独立，年富力强，踌躇满志，"春风得意马蹄疾"，一心要为柬埔寨民族创一番事业。

当时，柬埔寨权力高度集中，西哈努克将王权、政权、财权、外交权集于一身，他一呼百应，说一不二，特别重视社会经济和文化建设，经过一番努力，把当时的首都金边建设得比曼谷、新加坡还要繁华漂亮，金边也因而被称作"东方小巴黎"。20 世纪 70—90 年代，西哈努克在北京居住期间，曾多次邀人观看他的好朋友南斯拉夫前总统铁托于 1965 年访问柬埔寨时拍摄的纪录片，该纪录片反映了当时在他的领导下，柬埔寨在经济、社会等领域所取得

1. 西哈努克太皇和莫尼列太后中年时的合影
2. 西哈努克太皇、莫尼列太后和西哈莫尼国王合影

的发展成就,确实很有说服力。

西哈努克是非常活跃的国务活动家。他一贯坚持独立、和平、中立、不结盟政策,1956年,他和南斯拉夫总统铁托、埃及总统纳赛尔、印度尼西亚总统苏加诺和印度总理尼赫鲁共同签署了不结盟运动宣言,而且终其一生为捍卫不结盟运动的宗旨而努力。西哈努克始终以国家独立为重,坚持反对外国侵略,捍卫本国领土完整,不允许外国在柬设立军事基地,为柬埔寨赢得了"和平绿洲"的美誉。他的铮铮铁骨和风范,赢得了柬埔寨人民的崇敬,也赢得了中国等亚非拉国家的敬重,当然,也为某些国家所不容,因此而遭受了多年的颠簸、沉浮,但他从没有后悔过自己做出的选择。

政治家西哈努克

西哈努克在完成国家独立大业后,思考的问题是如何确保国家实现持久和平、经济发展。他觉得,当国王高高在上,要应对的多属礼仪事务,不如当政府首脑更能为国家办实事。于是,他在1955年主动宣布放弃王位,把王位让给了他的父亲苏拉马里特。不当国王后,西哈努克就可以参与政治了,他牵头成立了"人民社会同盟"(简称民社同盟),其后来发展成为柬埔寨第一大政党。民社同盟在1955年9月的全国大选中获得全胜,西哈努克亲自担任政府首相并兼任外交大臣和财政大臣。1960年,苏拉马里特国王病逝,西哈努克不愿重登王位,认为当国家和政府领导人更能发挥自己的才干，于是他提议由其母哥莎曼王后代行王室权力，实际上就是担任摄政王，他本人自任为国家元首。

西哈努克是在一个异常复杂的国内与国际环境中执政的。1970年3月18日，美国趁西哈努克率团在国外求医和访问之际，策动柬埔寨右派集团发动政变，宣布废黜西哈努克的国家元首地位，改国号为"高棉共和国"。西哈努克于19日从莫斯科飞抵北京，周恩来总理率领中国政府各部门负责人和几十个国家的驻华使节来到首都机场，为西哈努克举行了隆重的欢迎仪式，庄重声明，西哈努克亲王还是柬埔寨的合法国家元首，中国支持你！从而坚定了西哈努克领导柬埔寨民族抗美救国的决心。他在中国住了5年多，领导柬埔寨民族统一阵线和柬埔寨民族团结政府，联合国内外一切爱国力量，在外交、军事等多条战线上协同开展斗争，终于迫使美国支持的势力在1975年4月从柬埔寨完全撤退。柬埔寨全境解放，西哈努克应当时执政的红色高棉邀请回到了金边。

此后，红色高棉改国号为"民主柬埔寨"，让西哈努克担任名义上的国家主席，但不赋予他任何实权。西哈努克一气之下宣布自行辞职，失去了行动自由，被软禁在王宫里。

1978年底，柬埔寨和越南之间的边界武装冲突不断升级，1979年1月7日上午，越南军队打进柬埔寨全境，金边沦陷。所幸当时由于中国和柬埔寨政府的安排，西哈努克和一些王室成员在前一天夜里搭乘最后一班中国民航飞机来到了北京，逃过一劫。之后，西哈努克领导柬埔寨爱国力量开展了长达13年的抗越救国斗争。

1991年10月23日，在国际社会的支持下，西哈努克领导柬埔寨四方（红色高棉、柬埔寨人民党、奉辛比克党、高棉人民民族解放阵线）的代表签署了《关于政治解决柬埔寨冲突》的巴黎协定。协定明确规定了外国势力从柬撤军、柬各方实现停火并解除武装、联合国暂时托管柬埔寨、柬埔寨成立制宪会议、举行大选等内容。中国从维护柬埔寨独立和平、民族团结、社会安定的长远考虑出发，坚决支持西哈努克领导柬埔寨各派实现民族和解、团结建国。柬埔寨制宪会议通过了新宪法，确定柬埔寨恢复君主制。1993年9月24日，走下王位已38年且身患癌症的西哈努克在71岁高龄时，顺应国家和民族的呼唤，重新登基成为国王。这是他第二次登上王位，领导国家进入了第二柬埔寨王国时期。

2004年10月初，西哈努克在北京逗留期间宣布因个人身体健康原因退位。当然，这不符合柬埔寨宪法和王位继承的惯例。1993年《柬埔寨王国宪法》规定的王位继承制度延续了第一柬埔寨王国的王位继承传统，即当在位国王驾崩后，由王位理事会在7日内从安东、诺罗敦和西索瓦三大王族的男性后裔中遴选出新一任国王。西哈努克宣布退位的消息引起了国内外的各种议论和猜测，柬埔寨国内各界也一再挽留西哈努克。但是，西哈努克继续发表公开信，除坚持退位外，还首次公开指定西哈莫尼王子为"最合适的继承人"，要求国内早立王位继承人。柬埔寨国会立即召开紧急会议，只用半天时间就讨论并通过了《王位理事会组成和运作法》。柬埔寨国会对王位继承制度所做出的最重要修改是，王位理事会"在国王去世或退休或退位的7天内"推举出新国王,从而为西哈努克主动退位、让位于新国王扫除了法律障碍。10月29日,西哈努克和莫尼列的长子诺罗敦·西哈莫尼登基,成为柬埔寨王室的第97代国王。年过八旬的西哈努克老国王实现了在有生之年辅助西哈莫尼顺利继位,确保诺罗敦王朝薪火相传,确保国家社会安定,避免了因王位继承问题而引发不测。可以说,这是西哈努克在其漫长的政治生涯中下出的最后一手妙棋。

被政治"耽误"的艺术家

中国有句古诗说,"宝剑锋从磨砺出,梅花香自苦寒来",这用来形容西哈努克太皇,也是很贴切的。其实,有不少中国人对西哈努克太皇是既熟悉又不熟悉。1975年初,我大学毕业后被分配到外交部工作,因为我大学主修柬埔寨语专业,在外交部工作期间多年主管接待西哈努克的工作,所以有机会同西哈努克太皇和莫尼列太后、西哈莫尼国王有过多次近距离的接触,与他们相处的经历给我留下了非常深刻和美好的记忆。

西哈努克一生都非常勤奋好学。他19岁时就当上国王,没有机会上大学,但是他有很强的求知欲,对柬埔寨历史、文化典故都烂熟于心,对法兰西文化也相当熟悉,谈话中对法国的历史典故可谓信手拈来,十分幽默风趣。20世纪70年代后期,他和夫人被柬埔寨当政者软禁在王宫中,这样的日子持续了三年多,但他没有虚度光阴，靠一个小收音机收听广播，用它来自学英语。待他于1979年初再来北京时，我惊讶地发现，他竟然已经达到了可以用英文演讲、开记者招待会的水平。他的法文造诣就更不用说了，口语流利，书写漂亮，用词优雅。

西哈努克在中国居住期间，为了解国际和国内局势，每天都坚持收看国际电视新闻和新华社的英法文电讯稿。作为一名国家领导人，他亲自做国际形势的调研，演讲稿、信函等文件几乎都是亲自起草，再交给打字员誊清，经常工作到深夜。有一次，我陪同他到外地出差，他在飞机上临时想起要起草一份传真电报，随手就拿起坐椅前的清洁袋，写上"FAX"，嘱咐我落地后立即发出去。这件事给我留下了很深刻的印象。

西哈努克记忆力很强，文思敏捷，笔耕不辍，数十年中，他先后创作了不少专著，比如《我与美国中央情报局的战争》《甜蜜和辛酸的回忆》《我所交往的世界领袖》《战争和希望：柬埔寨的实情》等，这些作品堪称柬埔寨近代史教科书。他还是《民族主义者》周刊和《柬埔寨》月刊的主笔，经常亲自撰写社论和重要文章，阐述他对内政外交和国际事务的看法。

西哈努克多才多艺，就像他自己说的那样，如果他没有被选择当上国王，他应该会成为很好的艺术家。他会谱曲、填词、拍电影，我听很多中国艺术家评论说，他的作品达到了专业水平。西哈努克所创作的歌曲，不仅包括赞颂柬埔寨首都的《金边》、献给夫人的《莫尼卡》，还有歌颂柬埔寨和中国、朝鲜及许多亚非友好国家友谊的歌曲。我们不得不承认，他的艺术天赋确实很高，而更重要的是，他把自己对祖国的热爱以及对亲人、朋友的深情都融进了这些歌曲之中，因为是有感而发，所以特别容易打动人心。他在自编自导自演的《吴哥阴影》《神秘的森林》《小王子》等故事片中，邀请他端庄美丽的夫人莫尼克出演女主角，这些作品不仅向外界展示了高棉大地的独特风光，更表达了吴哥后代崇尚和平、捍卫国家独立和领土完整的坚强意志，深受观众喜爱。

西哈努克太皇既具有艺术天赋，又富有生活情趣，喜欢热闹，经常举办各种晚会、音乐会，招待客人。他是个美食家，不仅会欣赏美食，还会亲手做西餐。人民大会堂的国宴上有一道名菜叫"红酒鸡"，就是源自于他的创新菜谱。当时在北京的外交圈里流传着这样的说法，"要吃中餐到钓鱼台，要吃西餐到亲王府"，这也许是对西哈努克烹饪技艺所给出的最高赞誉了。

西哈努克热情好客，待人接物礼貌周到，举止得体。很多中国朋友都有这样的体会，只要和西哈努克亲王打过一次交道，就不会忘记他；只要和西哈努克亲王一起参加活动，就不会感到寂寞。他总是谈笑风生，不冷落任何一个人，无论你是领导人、高官，还是翻译、司机、厨师等普通工作人员，他都会微笑着主动向你双手合十致意。他幽默风趣的谈吐、亲切和善的微笑、恰到好处的表扬和鼓励，使我这样的年轻翻译很快摆脱了紧张心理，能够以比较轻松的心态投入工作。我曾经多次参加他的记者招待会，他那雄辩的口才、机敏的性格和的风采，在我心中留下了极为深刻的印象。

在正式场合，西哈努克太皇是非常讲究礼仪的。2008年8月，西哈努克太皇和莫尼列太后应邀出席北京奥运会开幕式，炎夏酷暑，观众们都汗流浃背。当时西哈努克太皇已经是86岁的高龄了，但是他西装革履，正襟危坐，坚持看完了整场表演，期间一次也没有离开过座位。

三首颂歌

诗以咏志，歌为心声。西哈努克太皇满怀对中国的深情和友情，一生中共为中柬友谊创作了三首颂歌。第一首歌是《怀念中国》，创作于1965年9月。当时，西哈努克亲王以柬埔寨国家元首的身份来我国参加国庆庆典并进行国事访问，第一站到达成都，参观访问后转赴重庆，并乘船沿江而下，游览三峡。浩荡的江水拨动心弦，激发了他对中国特有的热爱和感激之情，便即兴创作了《怀念中国》。歌词是如此深情："啊，敬爱的中国啊！我的心没有变，它永远把你怀念！啊，亲爱的朋友，我们高棉人啊，有了你的支持，就把忧愁驱散。你是一个大国，毫无自私傲慢，待人谦逊有礼，不论大小，平等相待。你捍卫各国人民自由、独立、平等，维护人类和平。啊，柬埔寨人民是你永恒的朋友！"在中国领导人为西哈努克亲王举行的欢迎宴会上，亲王的儿子纳拉迪波王子和中柬两国歌唱家共同演唱了《怀念中国》，获得了在场听众的热烈赞扬。

《怀念中国》这首歌在中国最流行的时间段是1970年到1975

年。那5年间，西哈努克亲王作为柬埔寨民族统一阵线主席常驻北京，也经常到中国各地参观访问。在西北高原牧民的毡房里，在东海之滨的海军舰艇上，从南方的广州，到北国的哈尔滨，只要是西哈努克亲王所到之处就都会唱响《怀念中国》。

第二首歌是《万岁，人民中国！万岁，主席毛泽东！》，创作于1973年。当时，西哈努克亲王和夫人刚刚完成对柬埔寨国内抵抗力量根据地的视察工作，回到了北京。歌词写道："高棉人民在民族危亡时刻，得到伟大朋友全力支持。万岁人民中国，万岁主席毛泽东！中柬人民坚决战斗，直至帝国主义彻底灭亡，我们亚洲苦难将从此结束。"

第三首歌是《中国，我亲爱的第二祖国》。这是西哈努克在1975年回国之前创作的，歌中充满了他对中国的感激和怀念之情："啊！光荣伟大的中国，我向你致敬，我衷心热爱你，把你当作我亲爱的第二祖国！"

西哈努克多次表示："我始终把中国作为自己的第二故乡，希望柬中传统友谊世代相传。"在担任柬埔寨国家元首和政府首脑时，西哈努克亲王始终支持中国人民的正义事业；退位后，他一如既往地致力于中柬友好事业。

中国情缘

中柬传统友好源远流长，两国地理相近、文化相通，友好交往历史可以追溯到 1000 多年前。中国元代使节周达观到访柬埔寨后写下《真腊风土记》一书,记载了吴哥王朝的风土人情和两国人民的友好往来。中国明代航海家郑和远洋航海时多次在柬埔寨停留,坐落在柬埔寨磅湛市郊的三保公庙香火绵延,诉说着中柬两国人民的不解之缘。

西哈努克后来在回忆录中说,中国坚持大小国家一律平等,尊重柬埔寨的独立、主权、领土完整与和平。同周恩来接触使他感到,不论是在国家关系还是在个人交往中,中国都是主张相互平等、相互尊重的。

西哈努克对国会议员们发表讲话时,赞扬中国提供援助没有任何先决条件。他说,中国领导人赞赏柬埔寨的爱国主义和反对外国干涉的勇气,特别赞赏他本人的独立和中立立场,不对他进行任何涉及意识形态的说教或所谓"忠告"。而在其他国家那里,特别是美国人那里,他承受了太多的压力。西哈努克的讲话在柬埔寨各阶层中产生了积极影响,1958 年两国正式建交水到渠成。

1970—1975 年和 1979—1991 年,西哈努克曾两次在中国长住,领导柬埔寨的爱国抵抗运动。20 世纪 70 年代的中国,还很少有电影作品问世,只有中央新闻纪录电影制版厂摄制的《新闻简报》,以及反映国内外重大政治事件的纪录片占据着全国影院的银幕,当时最红的电影明星就是西哈努克亲王了。随着每周一次《新闻简报》的放映,西哈努克亲王的影像也得以在神州大地上传播,可谓家喻户晓。西哈努克这个名字,连结着许多上了年纪的中国人的情感记忆。中国给予西哈努克的坚定支持，与共和国的成长历程联系在了一起，是建立在光明正大的国际公义基础之上的，它使弱小的柬埔寨在冷战的大背景下免于沦为外国附庸，使处于美苏争霸时期的中南半岛免于被全球或区域霸权所主导。

在世界上的君主当中，西哈努克并不是一个富人，他的私人积蓄十分有限。但是，每当中国地方省市遭受重大自然灾害时，他总是第一个慷慨解囊向灾区捐款的外国领导人。虽然他不是捐款数目最多的人，但却是最真诚的一位。

他经常说，是中国政府和人民给予他、柬埔寨王室和柬埔寨人民无私的帮助。柬埔寨民族是知恩图报的民族，不会忘恩负义。他还说，中国慷慨无私、兄弟般的援助和支持，帮助柬埔寨取得了历史性的胜利。他相信，今后中国仍然是柬埔寨的头号支持者。柬埔寨将在国际舞台上一如既往地支持伟大的中国，无论过去、现在还是将来。我深感欣慰，他的预言在今天都成了现实。

西哈努克亲王是中国国庆招待会上从不缺席的国宾，也是登上天安门城楼观礼次数最多的外国领导人。2008年，在北京奥运会的开幕式上，一国两代国王能够受邀同时出席的，也只有柬埔寨这个老朋友了。西哈努克的50岁、60岁、70岁、80岁生日都是在中国度过的。2011年10月31日，洪森首相按照柬埔寨老人大寿做九不做十的习俗，在全国范围内提前为西哈努克太皇庆祝了90大寿。

2009年6月，西哈努克在其个人网站上宣布第三次治愈了癌症，在为此深感欣喜的同时对帮助他治愈癌症的中国政府表示诚挚的感谢，他说："我的祖父和父亲都是在 60 多岁就去世了，我多次罹患癌症都能够治愈，并且 87 岁高龄仍然健在，那都是因为有伟大、友好、慷慨的中国，因为有医术高明的中国医生和护士。"

2012 年 10 月 15 日，西哈努克太皇在北京因病逝世。这是中国第一次在国内给外国领导人治丧。老朋友驾鹤西去，几乎所有的中国领导人都来送别。考虑到柬埔寨王室和民众对太皇的怀念和追思，中国政府有关部门尽最大努力提供了治丧方面的协助。16 日，柬埔寨政府临时向中方提出，要将太皇灵柩运回金边，让国民瞻仰 3 个月。按照柬埔寨佛教风俗，遗体要在去世七天后火化，只保留骨灰。但太皇陛下是柬埔寨人民崇敬的国父，全国百姓都希望能有

2012 年 10 月 17 日，柬埔寨民众恭迎西哈努克太皇灵柩到金边

机会再看一眼太皇，所以他的遗体不在北京火化，而是要运回柬埔寨供全国人民瞻仰，最后在金边火化。柬埔寨政府请求中方为保存太皇遗体提供技术支持。遵照国家领导人的指示，外交部、卫生部的领导和专家们连夜开会研究解决办法，我也参与其中。金边气候十分炎热，西哈努克太皇的遗体要供民众长时间瞻仰和吊唁，要做好保存遗体的工作确实是非常不容易的。这项工作既要求高超精湛的技术，也要求极强的政治责任心。中方有关部门和专家们克服种种困难，对太皇的遗体进行了必要的技术处理，并对此后几个月内的遗体保存进行了妥善安排。

17日上午11时，中方在首都机场举办了简短而隆重的仪式，中国仪仗队的士兵身着军礼服，一直护送西哈努克太皇的灵柩登上专机，这在中国外交史上是史无前例的。11时15分，载有太皇灵柩的专机起飞，戴秉国国务委员代表中国政府陪同莫尼列太后、西哈莫尼国王、洪森首相等同机护送。此时此刻，天安门广场、新华门和外交部等地均降半旗志哀。当西哈努克太皇的遗体回到金边时，柬埔寨的百万民众沿街跪迎，悲痛欲绝，那场景和中国人民当年十里长街送别周恩来总理的情形何其相似！柬埔寨各阶层官员和民众对中国"不是亲人、胜似亲人"般的特殊帮助充满了感激之情，见到陪同太后和国王回国的中国代表团成员，无不作揖致谢。

2020年10月31日，是西哈努克太皇诞辰98周年，一个星期后的11月6日，习近平主席在人民大会堂为莫尼列太后举行隆重的"友谊勋章"颁授仪式。正如习近平主席指出的，莫尼列太后是中柬友好的重要见证者和推动者。这枚沉甸甸的"友谊勋章",代表了中国人民对莫尼列太后的崇敬之情和对西哈努克太皇的深情缅怀,也象征着中柬两国亲密无间的友好情谊。

1958年,莫尼列公主首次陪同西哈努克亲王来华,从此与中国结下了不解之缘。60多年来,无论局势如何变化,莫尼列太后始终陪同在西哈努克太皇左右,积极支持中柬友好,为促进中柬关系发展、增进两国人民友谊做出了特殊贡献,堪称西哈努克太皇的"贤内助"、中国人民的好朋友。

授勋仪式之前,习近平主席和夫人彭丽媛亲切会见西哈莫尼国王和莫尼列太后,宾主相谈甚欢。莫尼列太后表示:"西哈努克太皇和我都是中国人民忠诚的老朋友、好朋友。60多年来,我多次访华,每次都深切感受到中国发生的日新月异的发展变化。此次获得中华人民共和国'友谊勋章',我深受感动,我将继续为深化柬中友好关系作出努力。"西哈莫尼国王告诉习主席说,他刚刚专程访问了陕西延安,对中国共产党领导中国人民自强不息、艰苦奋斗取得的伟大成就感到由衷敬佩,也深切体会到习近平主席以人民为中心的思想。习主席赞扬国王此行"既是传承友好之旅,也是增进友情之旅"。

习主席为莫尼列太后颁授"友谊勋章",意义非凡,影响深远,在中柬友好篇章里留下了浓墨重彩的一笔。柬埔寨国内各界反应热烈,纷纷赞扬中国是柬埔寨"最可靠的朋友"。

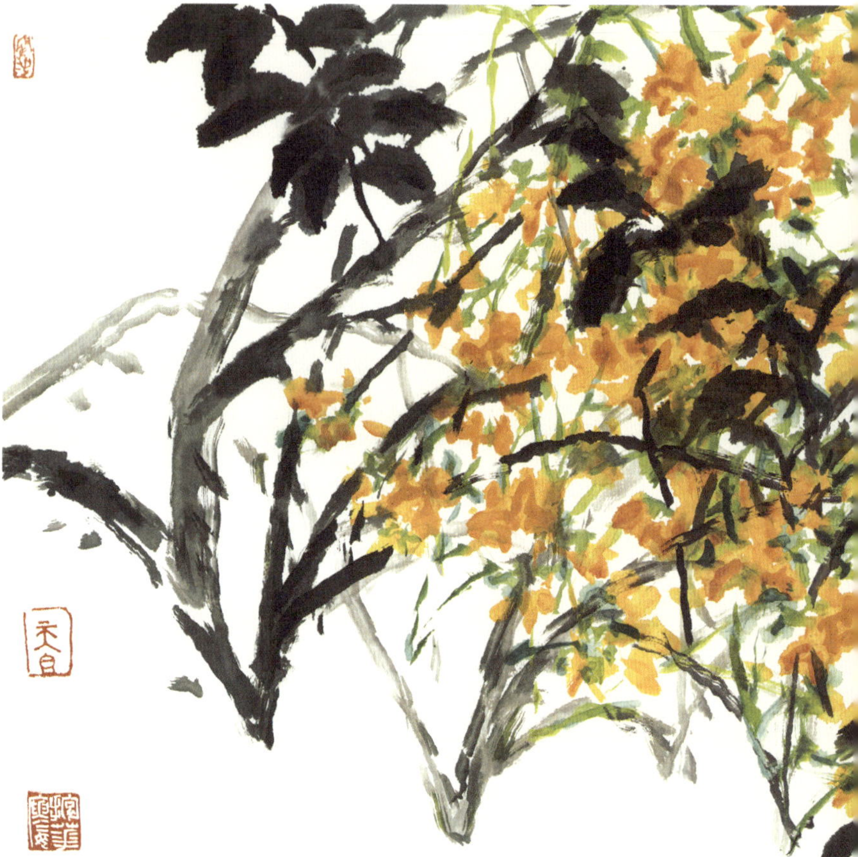

漾金
緬甸
香簝梨
丙申
何水松

缅甸国花
香花梨

第四章
佛法熏陶的国度：

缅　甸
MYANMAR

中国前驻缅甸使馆文化参赞

任秀治

缅甸全称缅甸联邦共和国，位于亚洲中南半岛北部，国土面积约为67万平方公里，人口5200多万。缅甸于1948年脱离英联邦宣布独立，是最早承认中华人民共和国的国家之一，中缅两国于1950年正式建交。中缅山水相连，世代毗邻而居，两国人民"胞波"情谊绵延千年。近年来，中缅两国建立了全面战略合作伙伴关系，开展"一带一路"国际合作，推动中缅关系进入新的历史时期。

缅甸文化最突出的特征是深受佛教文化的影响，换言之，佛教文化是缅甸文化的核心。缅甸的风土人情、节庆习俗、旅游景观等，无不与佛教关系紧密。

佛教文化

佛祖释迦牟尼涅槃后，强调佛祖及其教义的唯一性，注重自利、自我修行和完善的佛教弟子们逐渐形成了小乘派。由于这部分弟子在佛祖在世时的排位比较靠前，因此亦被称为上座部。大乘佛教脱胎于小乘佛教，这一派别认为佛法不仅需要继承，还要得以弘扬和发展，不仅主张自我修行，还要利他，普度众生。这部分弟子在佛祖在世时的排位比较靠后，因此亦被称为下座部。

在缅甸，80%以上的国民都信奉小乘佛教。缅甸人视佛塔为佛的化身，认为建造佛塔可以积最大的功德。历代缅甸国王都会带头建造佛塔，普通百姓也在自己的居住地修建佛塔。因此，在缅甸城乡，佛塔随处可见。缅甸佛塔成林，堪称"万塔之邦"。在一些著名佛塔的塔身上还贴有成吨重的金箔，镶嵌着数不清的珠宝。缅甸人一生都舍不得吃穿，临死时把毕生积攒的钱财捐献出来，用以修造佛塔，了却平生夙愿。

僧侣在缅甸享有很高的社会地位，普遍受人尊敬。在古代，佛教的大法师就是国王的国师，国王见到国师时必须赤足而拜。大法师有事谒见国王时，国王要主动让开宝座，以示尊敬。在农村，人们一见到僧侣就必须马上停步，双手合十，躬身施礼，直至僧侣从身旁走过为止。时至今日，缅甸人对僧侣仍十分尊敬，称呼僧侣或与僧侣讲话时都要使用敬语。僧侣出门乘坐交通工具时，人们都会争相让座。在大城市，僧侣可以免费乘坐公共汽车，若因佛事出门

东枝茵汀佛塔群

乘火车或飞机，国家也会负担旅费。每逢庆典，最尊贵的座位总是留给僧侣。任何人面见僧侣，都须行跪拜礼。哪怕是父母见了刚刚落发成为小沙弥的亲生儿子，也要行跪拜礼。平民百姓如此，政府官员乃至国家最高领导人也是如此。此外，人们进入寺庙、佛塔前要先在门外把鞋脱掉；在寺庙以外的地方拜见僧侣，也必须先脱鞋，之后才能进入僧侣所在的房间。即使是外国游客，甚至是国家领导人在参观佛塔、寺庙时，也必须先脱掉鞋袜。

佛教不仅是缅族，也是孟族、掸族等民族的信仰，并且已逐渐传播到生活在缅甸各山区的民族群体中。缅甸主要民族的文字、文学、音乐、舞蹈、绘画、雕塑、建筑、风俗、生活习惯等，都不同程度地受到小乘佛教的影响。缅甸社会经济水平不够发达、社会生活也较为落后，近现代文化在缅甸的影响力较为有限。因而作为传统民族文化的小乘佛教文化，在缅甸仍然具有广泛的、普遍的、占据主导地位的影响力。

佛法熏陶的风土人情

缅甸人大多是虔诚的佛教信徒，从小就深受佛教的熏陶并传承了对佛教的信仰。在古代，缅甸的教育发端于寺庙，僧侣便是启蒙老师。人们把孩童送到寺庙中学习佛法、读书识字和简单的算数。可以说，佛教活动贯穿于缅甸人的一生，佛教文化渗透于缅甸社会的各个角落。

在缅甸，几乎家家都会供奉佛龛，佛龛的档次依家庭条件而定。有钱人家供奉金、银佛龛和佛像，普通家庭供奉木制佛龛和佛像。拜佛是缅甸人生活中一项重要的内容。缅甸的女主人每天早起的第一件事就是从市场上买来各种鲜花，供在佛龛上，做好早餐后也要先盛一碗饭供在佛龛上，诵经早拜，然后全家才可吃饭。晚上睡觉前，一家人还要诵经、晚拜。民众在家里拜佛，学生在校时要到专设的佛堂拜佛，上班族在工作单位也要拜佛。平日里，人们到本地寺庙内祭拜佛祖；到了休息日，很多人会到寺庙里拜佛听经；如遇较长假期，还会携家带口，到最有名的佛寺或佛塔内朝拜，甚至剃度出家，过一段僧人的生活。

在缅甸，父母一般在孩子儿童或少年时期给儿子举行剃度仪式，给女儿举行穿耳仪式。举行剃度仪式时要选定良辰吉日，发请帖邀请亲朋好友或社会名人前来参加。举行仪式的当天下午，还要举行盛大的游行仪式。游行时，即将接受剃度的男孩头戴王冠、身穿王服，或骑马，或乘坐敞篷汽车，或坐在成年人的肩膀上，身旁会有人为他们撑起金伞，俨然王子出巡。

游行队伍浩浩荡荡，身着艳丽民族服装的姑娘走在最前面，手捧供品，父母、亲友手捧僧用八宝器，以长幼

在大金塔为供奉的油灯添油的男孩

1. 等候穿耳的女孩
2. 要剃度的男孩骑马在出行队伍中

为序排列,还有些人会穿上王公大臣服饰,跟随其后。人们有说有笑地来到当地最著名的佛塔前,绕佛塔三周后行朝拜礼,之后再到设有神龛的地方拜神,最后来到举行剃度仪式的寺庙里。男孩子当晚落发、披袈裟、听戒规,至此,主要仪式即告完成。而后,孩子便做为小沙弥住在寺庙里。第二天,家人要为寺庙僧人布施,供奉饭食和其他用品,并听大法师颂经布道。孩子剃度出家的时间不定,有的出家三五天,有的出家一周或十天。在此期间,家人要天天去寺庙内布施斋饭、坐禅听经。当然,也会有孩子从此便皈依佛门,成为佛家弟子。在佛教思想的长期熏陶下,缅甸人形成了温厚谦恭、平和善良、宽谅包容、热情好客、乐善好施的品性。

缅甸人注重长幼有序,讲究尊重长者的礼数。缅甸人在佛、法、僧三宝以及父母、师长等位高、位尊者面前常施合十礼,与长辈交谈时，经常自称"儿子我""女儿我"。在家中，晚辈坐的位置不能高于长辈。晚辈从长辈面前走过时一定要躬身俯首，步履徐缓，不能撩起筒裙。年轻人出远门前要跪拜家中的长辈辞行。缅甸人视裸露为不敬，天气再热，也很难见到缅甸男子穿着窄条背心上街，更不用说袒胸露背了。缅甸人在交接钱物时都是用双手递接，现在也常见到人们把一只手搭在接送物品的另一只手的手腕处。他们注重礼仪规范，讲求行为端庄，不能在人前（无论家人还是外人）把脚抬到桌椅上，不能四仰八叉地坐，不能以脚示物，更不能在人前露出膝盖和大腿等。

布施已经成为缅甸人的一种生活习惯。在缅甸城乡的路边，经常可以看到放置陶制水罐的架子，旁边还有水杯，这是附近的居民为了供路人解渴而设置的。在许多乡镇空旷的道路旁，还可以看到用竹竿、竹篾和茅草搭建的小亭子，以供路人乘凉。哪怕是素不相识，缅甸人也会热情地施以援手。如果有出门在外赶远道的陌生过路者求助，缅甸百姓都会将其迎到家里招待食宿；遇到迷路而无助的陌生人，缅甸人也会主动借出手机或帮陌生人打电话相助。缅甸人认为，施舍能够积下功德。

生活习俗

以前，缅甸人平日里都穿传统民族服装。男子上身着立领长袖汗衫和无领对襟长袖缅式外套，下身穿纱笼；女子上身穿圆领长袖偏襟紧身短上衣，下身也穿纱笼。现在，虽然男女依然身着纱笼，但在上衣的选择上却比较随意，可以穿西式衬衫或T恤。而在正式场合，缅甸人一般还是会身着传统服装。在参加重要会议或庆典时，男子还要戴"包头"，女子则会围彩色披巾。缅甸人普遍喜欢穿金戴银、佩戴珠宝。缅甸的女性会在脸部和四肢涂抹一种传统化妆品——达那卡粉浆，散发出幽逸清香，据说可以护肤，有祛斑、去暑、解毒功效。在现代都市里，有钱人家的年轻姑娘已经开始用西方化妆品来代替达那卡粉浆。

1	2
3	

1. 开小食店的夫妇起早布施
2. 向化缘的僧人布施
3. 缅甸男子劳动时会把筒裙下摆提到膝盖以上，或者将裙摆穿裆而过系于后腰上，称作"隔裆系"

第四章　佛法熏陶的国度：缅甸

缅甸人的饮食也颇具特色，他们口味重，喜吃辣、酸和油炸食品。在缅甸人的饭桌上常可以看到用虾酱烹制的小菜。虾酱在缅菜中必不可少，缅语称为"鄂毕"。缅甸人常用于待客的食物是拌姜丝，这是一种用盐水渍过并洒入柠檬汁的浸油姜丝，加入油炸豆瓣、花生米、蒜片，再加上海米和芝麻搅拌而成的食物。与拌姜丝类似的还有一种食物——拌茶叶。除此之外，还有在鱼茸或海米茸中加入各种佐料，熬制成汤汁，浇在湿米粉上做成的小吃——鱼汁粉，以及将椰肉和各种佐料熬制成汤汁浇在面条上做成的椰汁面等，美味可口。

在缅甸乡村，比较常见的住房是高脚屋。高脚屋分为竹质结构和木质结构两种，一般离地面有1米多高，房子下面是敞开的空间，四面无遮拦，多用于饲养家畜和存放农具。高脚屋内设有前廊，供人吃饭、纳凉或用于接待客人。在前廊前端的中间位置放有一把梯子，用于通往上下层。房间里的设备比较简单，但一般都供有讲究的佛龛。厕所通常设在高脚屋后面十几米远的地方。

缅甸的国土面积不大，人口也不多，自然条件得天独厚，资源丰富，国民基本上衣食无忧，无冻馁之虞。但是，优越的自然条件也会让人闲散，慢节奏的生活状态难以跟上世界飞速发展的步伐。

传统节日

缅甸的节假日除了独立节、联邦节、建军节、农民节，还有二十多个民间传统节日,多与佛教或农时、节气有关。许多的背后都有一段古老的佛教传说。延续至今的传统节日中规模较大的有如下几个。

泼水节,是缅甸最盛大、最热闹的传统节日,与中国的春节类似。在缅语中,泼水节被称为"德江"或"丁江",系由梵文转化而来,为"过渡""转换"之意,即为"新旧交替"。缅甸的泼水节在每年公历的 4 月中旬、缅历的 1 月底 2 月初举行,通常历时五天。第一天叫作"阿久",人们在这一天迎接天帝下凡;第二天叫作"阿甲",即天帝下凡的日子;第三天叫作"阿介",即为天帝停留在人间的日子;第四天叫作"阿的",为天帝返回天界的日子;第五天是缅历新年。有的年份,天帝在人间停留两天,那么节日就会变成六天。无论是五天还是六天,到了缅历新年那天就要停止泼水了,毛淡棉地区的民众因袭传统习惯,会在新年那天继续泼水。有趣的是,缅甸的新岁并不是缅历的元月初一,而是在缅历 1 月底 2 月初的时候。

关于泼水节,缅甸的传说是这样的:开世之初,天帝释和梵天王为一件占卜的事争论不休,胜负难分,于是他们就下到凡间,请占卜师格拉瓦曼进行裁决,并约定胜者可以将败者的头砍下来。结果天帝释获胜,但他不忍砍下梵天王的头,于是梵天王自己把头砍了下来。天帝释将梵天王的头扔进海里,大海立即干涸;将梵天王的头投到地上,大地立刻变为一片火海。于是,天帝释就命七位仙女轮流抱着梵天王的头颅。头颅每交接一次即为人间过了一年。传

第四章 佛法熏陶的国度:缅甸

递头颅的做法被称为"换年头",即新旧岁交替。那"换年头"时为什么要泼水呢?据说是因为天帝释将一只大象的头安在梵天王的身上,用净水一泼,梵天王就复活了,变成了玛哈贝讷神(中国将其称为"象鼻天神"或"欢喜天神")。由此,缅甸民间就衍生出过年时相互泼洒净水的习俗,寓意荡涤晦气、带来吉祥、获得重生。

缅甸人比较温文、内敛,在过去,"泼水"时大多是用花枝蘸一点装在银钵里的水,再洒在别人身上。到了现代,泼水节变得十分热闹奔放,城乡各处都会搭起彩棚,装饰精美的花车穿行于大街小巷,人们载歌载舞,尽兴嬉戏。人们用钵、盆,甚至是水龙头,把象征祝福的水泼洒到别人身上,不论相识与否,不分男女长幼,不问身份高低。

浴榕节(亦称浴佛节),在缅历的2月15日(大约是公历5月),正值缅甸天气最热的时节。传说释迦牟尼成佛后,有很多信徒前来朝拜他,但有时恰逢他外出传经布道,远道而来的信徒只得失望而归。于是,一个富有的信徒向释迦牟尼十大弟子之一的阿难陀进言,希望佛祖指定替身之物,在他外出时供信徒们朝拜,这样信徒们无论在何时何地都能满足拜谒佛祖的愿望了。释迦牟尼获知后,即指定了三件替身之物:一是在他涅槃之后供奉其舍利、袈裟、化缘钵等的佛塔;二是他的佛像;三是领悟了佛教真谛的菩提树(榕树的一种,据说释迦牟尼正是在菩提树下诞生、成佛的)。此后,释迦牟尼的弟子即从其成佛之地的大榕树上采来树籽,种在释迦牟尼居住的庙宇附近。朝拜菩提树的习俗从此形成。在缅历2月的月圆日这一天，缅甸各地的民众会聚集到当地的榕树下。在举行请众神下凡、法师颂经等仪式后，人们便在鼓乐声中轮流给榕树浇水。浴榕节期间，人们还会举办放生、布施等活动。

值得一提的还有点灯节、敬老节、献功德衣节和光明节。传说在古时候，僧人们在一年三季（缅甸只有夏、雨、冬三季）中都会云游四方。雨季时，僧人们在田地里穿行时经常会踩坏庄稼，被农民埋怨。佛祖得知后便立下规矩，自此以后，从缅历4月（公历6月中旬）的雨季算起的4个月内，僧侣们都要留在寺庙里守戒，潜心修炼，不得外出。到缅历7月（公历10月中旬）之后，僧侣结束守戒期，民间各种佛事活动就又活跃起来。从缅历7月到8月，人们会相继迎来点灯节、敬老节、献功德衣节、光明节。

缅历7月的月圆日（公历10月中旬）是点灯节，人们会点油灯、挂灯笼、燃放烟火，并供奉各种物品，载歌载舞，迎接佛祖下凡。在缅历7月的月圆日前后，人们还会举行各种敬老活动，人们向父母、师长敬奉鲜花、蜡烛、药品、吃穿用品等，祝福他们健康长寿，并请求他们原谅自己的过错，指明自己的缺点，由此演绎成了敬老节。缅历7月的月圆日至8月的月圆日（公历10月中旬至11月中旬）是献功德衣节。功德衣即指袈裟，在节日前后一个月里，经常可以看到缅甸城乡的老百姓排着长队沿街游行，或车载或人抬挂满了供奉僧人的袈裟、伞、钵等用品的"天意树"，到寺庙布施。光明节则是缅历8月的月圆日（公历11月中旬），这个节日起源于印度，原为星宿节。传说昴星的守护神阿耆尼火神在每年8月的月圆日都要下凡一次，人们要在这天夜里点上灯火迎接他。按照传统，在这天，缅甸城乡的大街小巷灯火通明，人们会放飞孔明灯，举办各种娱乐活动等。

除了上述节日，缅历9月（公历12月）的文学节、缅历11月（公历2月上旬、中旬）的糯米糕节等节日也都与敬佛祭神的宗教文化有关。

特色旅游

缅甸旅游资源较为丰富，古迹众多，自然景观也多姿多彩。其中最具有代表性的是仰光大金塔、蒲甘塔林和曼德勒皇宫。

享有"东方艺术瑰宝"美誉的仰光大金塔是缅甸的象征。主塔高约百米，塔基周长为433.1米，塔顶挂有15000余个金铃、银铃，并镶嵌着数千颗钻石、红宝石、蓝宝石和翡翠质地的钻球，塔身上贴有重达7吨的金箔。无论是白天还是夜里，整座塔都闪闪发亮、光彩夺目。塔的周边环绕着64座由木石建造的小塔，形态各异，呈众星拱月之势，与主塔相得益彰。游客们来参观大金塔时，无不赞叹它的宏大瑰丽、金碧辉煌。

传说，有两位在印度经商的缅甸兄弟将佛祖释迦牟尼赐予的八根圣发请回国，并奉献给当时的缅王。缅王为供奉圣发而兴建佛塔。最初建造的金塔大约只有8米高。此后，历朝历代的皇室都对其加以修缮，使得塔身逐渐增高。其中较大的一次修缮发生于1455年

1. 仰光大金塔
2. 千姿百态的蒲甘佛塔

至 1462 年间，当时的缅王罗婆陀梨的儿子将塔身增高到 92 米以上，缅王的女儿又命人将与她体重相等的金箔贴于塔身。

到缅甸旅游，除了朝觐大金塔，一定要去看万塔之城蒲甘。蒲甘位于缅甸中部，曾是蒲甘王朝的首都。蒲甘王朝建立了缅甸历史上第一个中央集权的统一国家，在其存续的 243 年间，皇室、王公贵族和臣民大兴土木，修建佛塔和寺庙。据文字记载，前后共修建了 4446733 座佛塔。目前保存下来的仍有 2200 多座。游客可以迎着晨曦或在夕阳的余晖下登高望远，蒲甘全景尽收眼底，数千座外观各异的大小佛塔，分布在缅甸的母亲河伊洛瓦底江畔，掩映于郁郁葱葱的树丛中，肃穆壮观，令人震撼。众多的佛塔中，一定要去参观最古老的瑞喜宫佛塔、最美丽的阿南达寺佛塔、建筑规模最大的达玛央吉佛塔和最高的他冰瑜塔。在这些地方，游客可以好好感受缅甸的佛教文化，欣赏佛塔寺庙所展现的建筑风采以及塔身上的绘画、雕塑艺术精髓。也可以租上一辆马车，在塔林间穿梭，间或下车步行，走到佛塔前，仔细端详那千姿百态的建筑造型，出离尘世的喧嚣，自得其乐地享受闲适和超然。

曼德勒位于缅甸中部，是缅甸最后一个王朝——贡榜王朝的首都。现在是缅甸的经济、文化中心，是仅次于仰光的第二大城市。位于市中心的曼德勒皇宫是贡榜王朝的缅王敏东于 1857 年建造的，皇宫由周长达 2000 米的朱红色高墙环绕，墙外是护城河。皇宫内建有 104 座木质结构的大殿，但在战争中被损毁，缅甸政府组织修复了 89 个大殿，1996 年竣工后正式对外开放。

值得一游的景点还有曼德勒的佛经碑林、金寺、莫哈妙穆尼大佛、翡翠塔和吴本桥，以及位于掸邦首府东枝的茵莱湖。茵莱湖三面环山，是东枝高原上的一颗明珠。乘船游览时，可以观赏湖上人家单脚划船、抛网叉鱼，还可以看到水上集市、在水中藻类上覆土种植农作物等展现民风民俗的神奇景象；游客也可以徜徉于茵汀和东朵的古佛塔群间，领略悠远厚重的历史所散发出的魅力。

除了上述景点，实皆、勃固古城的佛教遗迹和额布里海滩等也都是不错的旅游景点，到缅甸旅游，旅行社安排的观光日程大都与佛塔寺庙有关。

中缅佛教文化交流

中缅两国山水相连，民族相融，文化相通。中国的佛牙曾四次巡礼缅甸，成为中缅两国佛教文化往来交流的一段佳话。佛牙，亦称佛牙舍利，指佛和高僧圆寂火化后留下的光莹坚硬的彩色珠粒。相传，佛祖释迦牟尼涅槃后，按印度的习俗火化，得佛牙舍利四颗。按《大藏经》的记述，四颗佛牙中一颗被送回了天上，一颗被藏于龙宫，而另外两颗留在了人间：一颗在斯里兰卡，一颗在中国。在中国的这一颗，是南朝僧人法献到西域取经时奉迎到中国的。这颗佛牙最初供奉于建康（今南京）的定林寺中，后随朝代更迭，先后供奉于长安（今西安）、开封，最后安放在现今北京八大处灵光寺的佛牙塔内。

1. 蒲甘历史最悠久的瑞喜宫佛塔
2. 夕阳余晖下的曼德勒佛寺

佛牙因被世界佛教界视为佛祖的化身而备受尊崇。相传在1044年，缅甸的蒲甘国王阿奴律陀曾前往中国朝拜佛牙，但他到达云南大理时才得知佛牙供奉在中国的北方，因路途遥远而未能如愿。1949年后，中国的佛牙舍利曾四次被恭迎到缅甸，缅甸人民实现了朝觐佛牙的愿望。每次中国的佛牙舍利到缅甸，场面都十分壮观，千百万缅甸民众争往朝拜。佛牙巡礼不仅是两国的佛教文化交流盛会，更是中缅两国友好往来的桥梁和传统。

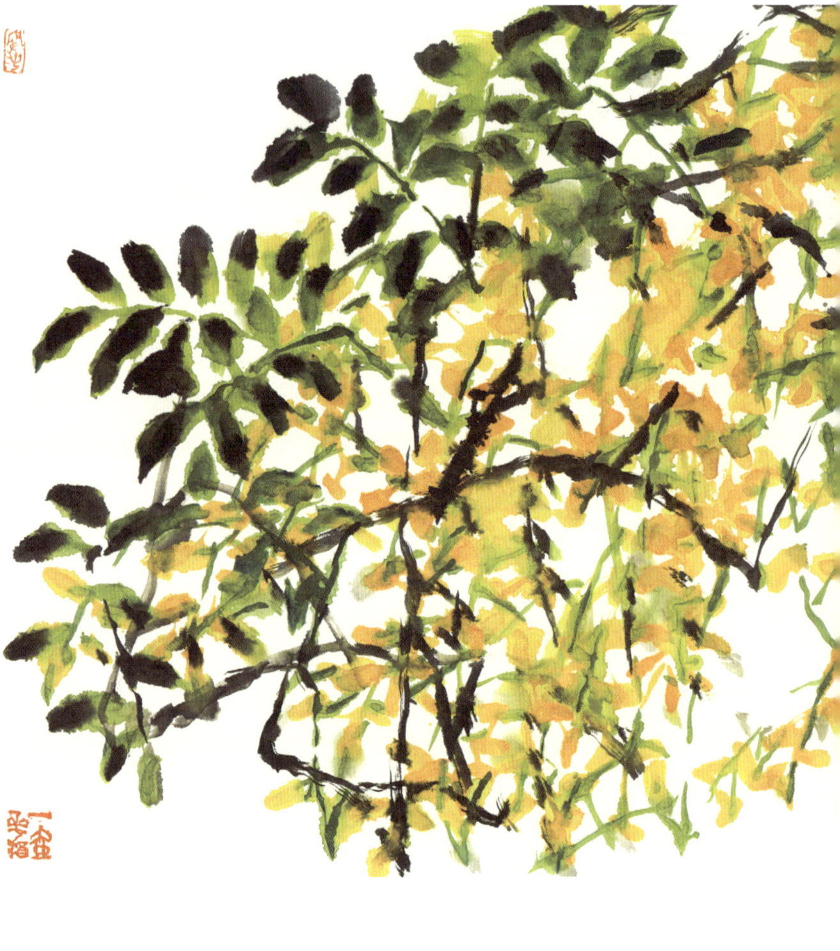

泰国国花

金链花

第五章
黄袍佛国：

泰　国
THAILAND

中国前驻泰国特命全权大使

宁赋魁

作为一名外交官，我有幸在中国的邻国泰国工作、生活了4年，深切感受到"中泰一家亲"，也难忘泰国人民的友善、热情、好客。我虽然已离开泰国，但不时会回想起在泰国的点点滴滴，中泰友好的一段段佳话。

诗琳通公主

说到中泰关系，一定要讲讲诗琳通公主。诗琳通公主生于1955年，是泰国现任国王哇集拉隆功的胞妹，在泰国最著名的学府朱拉隆功大学获得文学学士、考古学硕士、教育学博士。她很有语言天赋，会讲英语、法语、德语、中文等多种语言，还都讲得很流利。尤其是中文，不光是口语交流顺畅，包括一些科技方面的专业词汇她都会讲。我陪同她参观一些科技项目的时候，她可以用中文跟我讲有关专业是怎么回事。我在泰国4年，每次跟她见面，除了正式拜会以外，基本都是用中文交流。公主坚持每周学习一次中文，日程再忙也雷打不动。为此，我们还专门给她配了中文老师。

公主做事非常认真，好学好问，特别勤奋。她每次来华访问，随身必带两件东西：一台照相机和一个笔记本。无论走到哪里，她都认真地听，认真地记，不懂就问。每逢看到自己感兴趣的东西，她就用相机拍下来，作为资料收藏和研究之用。公主多才多艺，兴趣广泛，不仅会多种乐器，还善于写作和绘画。

诗琳通公主可以称得上是一位学者公主或者公主学者了，她非常喜欢中国的历史和文化，特别对中国的水利、农业、手工艺、考古有着浓厚的兴趣。公主翻译了不少中国的名著，比如老舍的《茶馆》，王蒙的《蝴蝶》。我曾出席过她的作品发布会，现场气氛热烈。

公主这些年出版了十几部访问中国的游记，比如《踏访龙的国土》《平沙万里行》《彩云之南》《清清长江水》《江南好》等等。她用泰文把在中国的所见所闻和亲身感受写出来，介绍给泰国老百姓，让他们从各个方面更加深入地了解中国。公主出身王室，又受到人民的爱戴，所以她对中国的介绍在泰国很有权威。加之她是文学专业科班出身，文笔也好，总能把她在中国的亲身经历写得真实而富有吸引力。

诗琳通公主真的很喜欢中国，也和中国很有缘分。公主在1981年5月第一次访问中国，是泰国王室访华第一人。2001年2月14日至3月15日，她访问了北京大学，在未名湖畔研修了一个月，被授予名誉博士学位，从此跟北大结下了不解之缘。

2005年，在公主的倡议下，北大成立了诗琳通科技文化交流中心。她任名誉主席。这是中国第一个以诗琳通公主的名字命名的学术交流机构。这个中心主要开展面向泰国的学术交流活动，研究领域很广，包括语言文学、文化、医学、理科学科、中泰关系等。尤其值得一提的是，诗琳通公主在2007年推动了北大和她母校的合作，在朱拉隆功大学建立了泰国第一所孔子学院，为两国的文化交流搭建了一个重要的平台。诗琳通公主亲自为朱拉隆功大学孔子学院揭牌并题词"任重道远"。公主还参加了其他大学和学校孔子

宁赋魁大使陪同泰国公主诗琳通参观有关活动

课堂的揭牌仪式。在诗琳通公主的亲切关怀下，在中泰两国政府及各界人士的大力支持和推动下，泰国中文教学发展迅速，中泰文化交流机构如雨后春笋一般发展起来。

如今，泰国已经有14所孔子学院、12所孔子学堂，这在东盟国家乃至周边各国当中，数量是最多的，对于增进彼此的了解，学习、研究对方的语言文化是很有帮助的。在泰国，学中文的人越来越多了。不光是中学生、大学生在学，很多已经工作的成年人也在学，甚至一些五六十岁的成功人士，也到孔子学院或其他补习班里去学习中文。我在泰国的4年里，亲眼目睹了很多人从不会讲中文到说得越来越流利的过程。

诗琳通公主身体力行推进中泰关系发展。她对科学技术有着浓厚的兴趣，她在推动两国科技领域的交流上更是不遗余力。比如有一次她到武汉参观，就和武汉大学合办了一个"诗琳通地球空间信息科学国际研究中心"，切实促进两国在相关领域的交流与合作。

诗琳通公主还对中国的职业教育非常感兴趣，在她看来，中国的职业教育做得非常成功，是发展中国家都应该学习和借鉴的办学方式。她非常希望把中国办职业教育的经验介绍给泰国。在这一方面，公主做了大量的工作，并且已经取得了不小的进展。

泰国的教育领域缺乏高水平职业教育环节，很难培养出具有较高职业技能的人，这是很多发展中国家在教育体系中的一块短板。由于制造业懂技术的人不多，一有大的工程就只能从国外请劳工，

诗琳通公主用从中国引进的茶树籽油进行烹饪

或者让别人承包。公主看到了这一点，也非常重视这个问题，所以就向中国学习办职业教育的经验，现在已经开始起步了。

公主对中国先进的教育方式都非常感兴趣。比如，她知道中国的数学教学很先进，水平也高。于是她就希望大量引进中国的数学教师，去泰国教数学。不过，这也有一定的难度，双方在教育体系、语言等方面交流还是存在困难。

公主想得深远，她认为兴国要兴教育。泰国很喜欢引进我们的教师，一是教中文的，一是教数学的，一是教技能的，再有就是教音乐舞蹈的艺术类老师。泰国在艺术教育方面的人才不足，因为年轻的老师都不愿从事这个职业，觉得不挣钱。泰国学生选择专业首先也是先看哪个能挣钱，哪个好找工作，像法律、医学、经济、贸易这些专业学的人就比较多。

在泰国国内，人民对王室很尊敬，也很爱戴诗琳通这位公主。虽然身为王室成员，但她平易近人，十分关心民生疾苦。父亲普密蓬国王在世的时候，她就多次跟着父亲到各地调研扶贫项目，积极投身父亲制定的国王山地开发计划。

公主做事扎实，总是有始有终。这一点在一些小事上就能反映出来。2008 年我国汶川地震，绵阳是重灾区。2009 年 4 月，公主来中国访问时专门去绵阳考察灾后重建。当她看到一所叫先锋路的小学校舍受灾严重、有 3000 多平方米的校舍已经完全不能使用的时候，当场表示捐献 1100 万人民币帮助学校重建。一年后，她再次专程来到绵阳参加重建小学的落成典礼，还捐了书和学习资料。

这所小学从此改名为诗琳通小学。2011年,她第三次来到这所学校考察,用毛笔亲自题写了"敦品励学"的校训,鼓励孩子们好好学习。孩子们也都亲切地管她叫公主奶奶。不仅如此,她还牵头让这所小学与泰国的王室小学、她的母校泰国皇家吉拉达学校结成了姐妹学校。顺便提一下,这个吉拉达小学里也教中文,连七八十岁的校长都在学。我曾参加学校举办的一场特殊文艺表演,教师和学生们都用中文表演各种节目,比如小品、朗诵、唱歌等等。

充分的合作交流

在中泰友好全面发展的大环境下,目前,泰国至少有100多万人以各种形式学习中文。中文教育因得到泰国政府的大力支持,泰教育部门已将中文作为重要外国语纳入国民教育体系,公立中小学均开设中文课,允许各年级学生选修中文,中文在泰国成为仅次于英文的第二外语。越来越多的泰国年轻人也选择来中国学习。目前,泰国在华留学生已有3万多人,是外国在华留学生第二大群体。在人文交流方面,近六七年来,中国游客每年都以百万的速度快速增长,2019年访泰中国游客已达1100万人次。中国游客的大量增加,需要大量中文导游和懂中文的服务人员。

在务实合作领域,中泰之间的贸易、相互投资、电子商务等均发展迅速。2013年中国成为泰国最大贸易伙伴,2019年中国成为泰国第一大外资来源国,泰国特色商品通过电商平台大量在中国销

宁赋魁大使向泰国总理巴育转交我使馆的捐款

售。中国在泰企业招聘当地员工时，明确告知如懂中文优先录取，待遇从优。中泰人文交流和务实合作的发展为泰国创造了许多新的就业岗位。所有这些都成为许多泰国人努力学习中文的动力。不少事业有成的泰国企业家学习热情也很高。泰国有许多民间兴办的中文短期培训班，主要为在职人员进行中文培训。我是北方人，普通话说得比较标准，曾应友人邀请到一家培训班，客串"教授"教了一次中文。这个培训班的学员大都是四五十岁的企业界人士，我同他们进行了交流，感到他们非常希望了解中国的经济发展、中国的"一带一路"倡议以及中泰两国务实合作面临的重要机遇。这次"教

宁赋魁大使在泰国为学中文的学员授课

视界 亚洲篇

课"也是一次很好的公共外交，我利用这次机会向泰国企业家们作了有关介绍，并鼓励他们努力学好中文。

在泰国工作期间，我深深感受到文化交流已成为两国关系中不可或缺的重要组成部分，感受到泰国人民对学习中文进而深入了解中国的渴望，感受到中泰一家亲的芬芳魅力和强大生命力。

咖喱盛宴

泰国地理条件十分优越，既有森林茂密的山地，也有一望无际的平原，东西两侧濒临太平洋和印度洋，各种农产品、蔬果、海产极其丰富。泰式料理理所当然以海鲜、水果、蔬菜为主。泰国料理讲究酸、辣、甜、咸、苦五味平衡，但我们通常品尝到的多是酸、辣、甜味较浓的泰式菜肴。在调料方面，给我印象较深的是泰国料理必备的香茅草、柠檬、辣椒和各种咖喱等提味料。泰国地处东南亚，一年四季天气炎热，用这些调料做菜，可以让人胃口大开。

在泰国生活的几年里，我品尝到不少有特色的泰国料理，其中有三道菜品印象深刻。其一是"宋丹"（青木瓜沙拉），这是泰国东北部的代表菜肴之一。这道菜主要是将青木瓜切成丝，再放入切碎的新鲜番茄、辣椒、花生碎、小干虾、糖以及鲜柠檬汁、薄荷叶等调料，酸、辣、甜、咸，吃起来鲜香爽口，让人欲罢不能。记得刚到曼谷的第一个周末逛街时，就去了一家泰餐厅，点了"宋丹"。泰国服务员看出我们是外国人，便问这道菜是否要纯泰式做法，我们当然要吃地道的、正宗的泰国菜，就点了点头。这道菜上来后，本想一举"消灭"它，但品尝第一口后，我就基本放弃了。它辣的程度超出了我的预估，这时候我才明白泰国朋友吃泰餐时为什么一定要喝冰水，否则舌头和喉咙会有着火的感觉。地道的"宋丹"的确很辣，但并没有阻挡住我对这道菜的喜爱。在这之后再点这道菜时，我事先拜托厨师少放一点辣椒。辣味虽然减少，但依旧是一道可口的开胃菜。

第二道菜是黄咖喱炒螃蟹，这也是泰国朋友引以为傲的一道美味。去泰国前，我很少吃用咖喱做的菜，甚至对咖喱有些抗拒，到了泰国品尝众多的泰国菜肴后，却喜欢上了咖喱炒螃蟹。用于炒螃蟹的黄咖喱，味道相对柔和，同新鲜的螃蟹炒在一起，满口生香，即便不能吃辣的人也会爱上它。给我印象最深的咖喱炒螃蟹是在离曼谷不远的华欣府吃到的。黄色的咖喱汤汁，色泽鲜亮，香气浓郁，看着就让人垂涎三尺。舀一些汤汁放入米饭里，更是别有风味，让人食之难忘。

华欣是泰国的旅游胜地、海滨小城，气候宜人，安详静谧，泰国国王的行宫就在这里。平时这里游客并不多，可一到周末，许多曼谷的民众就开车携家带口地来到华欣休闲度假，让布满海鲜大排档的海滨热闹起来。海滨大排档海鲜种类比较多，价格也相对便宜。

第三道菜是"冬阴功"汤，也就是酸辣虾汤。冬阴功汤里主要食材是虾、蘑菇和鸡肉，但这不是这道菜让人喜爱的关键。这道菜之所以备受欢迎，可以说汇集了泰国各种特色香料：香茅草、柠檬叶、辣椒、南姜、柠檬汁和鱼露等，集合了酸辣、甜、咸等各种香料味道，且十分浓郁。这道菜俨然成了泰国菜肴的招牌菜，我所认识的中国朋友似乎都喜欢这道菜，大有来泰国不品尝冬阴功汤等于没来泰国的感觉。泰国官方旅游部门宣称，冬阴功汤已被中国游客评选为最受欢迎的泰国料理。

如果有朋友去泰国的话，不妨品尝一下这些具有特色的泰国料理，为愉快的旅行再增加一点美味的回想。

凉風木槿
籬簷暮雨捴
蕉枝并圻
新秋思為
得故人詩
俗唐人白香山
詩題書
馬來西亞朱槿名
丙申元宵何水淞於艷花華樓

马来西亚国花
朱槿

第六章
阳光之邦：

马来西亚
MALAYSIA

中国前驻棉兰总领事

杨玲珠

魅力之地

马来西亚有句俗语，叫"Tidak suka, karena tak kenal"，意思是"不喜欢是因为不认识"。我曾先后两次在中国驻马来西亚大使馆工作，共计约有8年的时间。随着时光的流逝，我越发地将马来西亚视为我的第二故乡，从心底爱上了这个充满阳光、欢笑而又热情好客的地方。马来西亚是个多元种族、多元宗教和谐相处，多元文化紧密融合的国家。这里有茂密的热带丛林、洁白的沙滩、蔚蓝的海洋、奇异的洞穴，更有众多因历史演变而形成的多样化的人文景观，令人叹为观止。

马来西亚主要有马来族、华族和印度族三大民族，全国超过一半的人口为穆斯林，另外一部分人则信奉佛教、印度教、天主教、道教和锡克教等宗教。马来西亚的文化融合了三大主要民族和其他原住民文化，同时也带有波斯、阿拉伯和欧洲文化的色彩。在马来西亚，凡是去麦加朝觐的穆斯林，男性的名字前都会加上"哈吉"，而女性的名字前则会加上"哈贾"。因此，要准确地称呼马来西亚人并不容易，你可以记不起对方的名字，但千万不要把他们的头衔弄错了，否则会引起他们的不悦。所以，我们通常只会简单地称呼他们的勋衔或头衔。马来人的姓名比较特别，一家几代人通常没有固定的姓氏，本人的名字在前，父亲的名字在后，然后是祖父的名字。孩子以父亲的名字为姓，父亲的姓则是祖父的名字。在马来语中，男子的名和姓之间用"bin"隔开，女子则用"binti"隔开。如马来西亚前总理拿督·侯赛因·奥恩,他的名字用马来语拼写为:Dato Hussein bin Onn。

马来西亚人非常热情,也乐于助人,有个例子值得一提。中国人常说"有困难找警察",这样的说法也适用于马来西亚。20世纪80年代,各国的外交官初到吉隆坡,人生地不熟,开车上路,尤其是到外地出公差,常常会迷路,一般都会求助警察或者当地人。当地警察不仅耐心地指点,有时还会开着摩托车为外交官们带路。当时,我们使馆有一位新到任的同事就碰上了类似的情况,当地的警察冒雨骑车为他带路,开了近半个小时。大家听闻后都十分感慨,他也很感动,一再地表示,要在今后的工作中为促进两国友好合作而更加努力。

多姿多彩的风俗文化

马来西亚各民族均有自己的风俗习惯和节日,全国每年有大大小小的节庆日100多个,其中政府规定的全国法定公共节假日共有10个,包括元旦节、国庆节、最高元首生日、开斋节、春节、屠妖节、圣诞节等,各州还有自己的节假日。其中,开斋节、春节、屠妖节分别是马来人、华人、印度人的新年节日,"开门迎宾"是马来西亚三大民族庆祝新年的独特方式。大家身着民族盛装,不分种族、肤色、语言,无论认识或不认识,都会相互拜年,送上祝福,到处洋溢着热烈而祥和的气氛。主人则会准备好美味佳肴、各式糕点,还有水果和饮料，招待八方宾客。

我曾多次参加当地马来人、华人和印度人的开门迎宾活动。上至最高元首、总理、内阁部长、政党团体，下至宗亲会、商贾名流，各家都会事先告知自己开门迎宾的时间，以便大家安排好日程，相互拜年。使馆的几位主要工作人员会马不停蹄地应邀到每家去拜年，时间长的可停留 1 小时或半小时，短的则停留 10 分钟、5 分钟，向主人道贺即可，整个开门迎宾活动有时会持续近 1 个月。因各家主人都准备了丰盛的食品，所以可以走到哪儿吃到哪儿，甚至可以连续几天不在家开火做饭。给我留下深刻印象的是最高元首的开门迎宾活动：首先，活动有严格的时间规定和礼宾顺序安排。活动开始前，使节们按到任时间的顺序排队，如果是临时代办则需排在他们的后面。然后，由王宫礼宾官唱名，被唱名的使节们依次向最高元首夫妇拜年道贺。平民百姓则一般都被安排在下午，他们在向最高元首拜年后，会得到元首的赐福，小孩子还可以收到元首的绿包（意义同中国的红包），离开王宫前，每人还可以领取一份食物。像这样把各国使节和当地百姓分别安排在上午和下午的做法既可以节约时间、场地，也能为普通民众提供与国家元首接触的机会。马来西亚总理府举办的开斋节活动日程安排则相对宽松一些，各国使节们可分别同总理握手，并简单聊上几句，然后步入宴会厅，自行品尝各式菜肴和甜点。开斋节的食品基本以马来菜为主，如羊肉、鸡肉、沙爹、咖喱牛肉或鸡肉、炸鸡、炸鱼、干烧大虾、罗汉菜（各种蔬菜）等；主食有炒饭、炒面、炒粿条等；还有五颜六色的马来

第六章　阳光之邦：马来西亚

甜点和水果，以及色泽艳丽的饮料和马来刨冰等，花样繁多。

马来人见面时，通常会相互触摸一下双手，然后合掌，再触摸一下自己的额头，以示诚意和互致问候。原则上男士不主动和女士握手，但现在握手问好的方式已成为马来西亚最普遍的见面礼节。然而在一些特殊场合，男女之间握手仍有忌讳，让我至今依然记忆犹新的是，有一年的斋月期间，我作为临时代办应邀出席马来西亚外交部举行的开斋晚宴。因为我与马来西亚外交部的一些高官都较为熟悉，握手寒暄也是日常的外交礼节，但没想到这次握手却出了差错。当我像往常一样伸出右手，准备与一位高官握手问好时，他却突然高高举起双手说了声"No"，我马上反应过来，用马来语连说三遍"对不起"，好在他也开怀大笑，化解了我内心的尴尬。事后我了解到，穆斯林男士在沐浴净身做完祈祷后，是不与女士握手的，即便是在外交场合也不例外。马来人忌讳用左手接物或递东西，他们认为左手是不干净的；忌讳被人摸头，认为这是对自己的侵犯和侮辱；忌讳用食指指人，认为这样对别人是无礼的表现。除教师和宗教人士外，任何人不可随意触摸马来人的背部，这意味着给人带来噩运。

华人是马来西亚的第二大民族，他们很好地传承了中国的传统文化和习俗。马来西亚华人都具有非常高的语言天赋，他们不仅深谙汉语、闽南语等语言的规律，还能熟练地运用马来语和英语。我曾参观过当地的一所华人幼儿园，那里四五岁的孩子已能用中文、英语和马来语与我们交流。

马来西亚的春节氛围浓厚。大年初一至十五，拜年、捞鱼生、迎财神、过元宵节是马来西亚家家户户都少不了的活动。捞鱼生是指在过年时，一家人围坐在饭桌前，把鱼肉和各种调料倒在大盘子里，然后大家围在一起，用筷子不停地捞动鱼肉和配料，并将菜高高地夹起来，夹得越高就越预示着来年能交好运。在华人相对集中的吉隆坡、槟城、马六甲、新山等地，春节期间尤为热闹，到处可见对联灯笼、舞狮舞龙、彩旗炮竹，一片喜气洋洋的祥和景象。春节前夕，金橘树和桔子（广东话的发音与"吉利"相似）、黄梨（福建话的发音与"旺来"相似）、腊梅（寓意吉祥如意）以及描绘着金童玉女的剪贴画尤为畅销。

特别值得一提的是，马来西亚的华人十分重视中华武术和舞狮技艺的传承，各地都有武术协会、舞狮团和精武会馆。马来西亚华人不仅每年都会举行规模大小不等的武术比赛和舞狮比赛，并且正在不遗余力地把舞狮文化推向全世界。在马来西亚的文化中，舞狮意味着带来吉祥，带来好运，祛邪除霉运。2007年，马来西亚政府把高桩舞狮列为国家文化遗产。现在，舞狮已深受其他友族的欢迎，不少友族同胞也加入了舞狮的队伍。多年来，马来西亚舞狮团连连获得世界舞狮大赛冠军，马拉西亚已享有"舞狮王国"的美誉。由马来西亚设立的每逢双年举行的"云顶世界狮王争霸赛"，每届都会云集来自亚洲、欧洲、大洋洲和美洲的最高水平的舞狮队。我在马来西亚工作期间，曾多次观看高桩舞狮表演。在舞狮的过程中，两人头尾合作，在高低不等的铁桩上

第六章 阳光之邦：马来西亚　　109

敏捷地连续跳跃、转体，并做出各种高难度动作，兼具娱乐性和观赏性，惊险刺激，震撼人心。

印度族是马来西亚的第三大民族。屠妖节是马来西亚印度教的新年节日，也是他们祈求天神赐福、渴求兴旺发达的节日（亦称为万灯节、点灯节），也为庆祝印度教中的莎雅巴玛女神降魔伏妖获得胜利。节日当天，印度教徒们在起床沐浴后穿上节日盛装，成群结队地来到印度庙里，男女老少用手捧的鲜花、槟榔、香蕉等物供奉神灵，顶礼膜拜，祈求幸福和神的保佑。节日里，家家户户灯火通明、香烟缭绕，象征光明驱散黑暗、善良战胜邪恶。为了迎接屠妖节，马来西亚的印度教徒们会制作一种叫作"古拉姆"的米绘地画，即用染上色彩的米粒拼成一幅幅大小不等的地画，铺在大门前。乍一看，就像一条五彩地毯，它之于屠妖节的意义就好比对联之于中国新年。

印度教的大宝森节，是印度教徒表示赎罪、奉献及感恩的节日。据说这一节日在印度本土已经看不到了，只有马来西亚和新加坡依旧保留着这一风俗。和其他洋溢着欢乐气氛的印度节日不同，大宝森节是进行忏悔和实践诺言的节日，祭祀仪式有剃头、做法事等。当天，信徒们都会到河边沐浴，洗净一身的孽障和晦气，然后以全新的姿态到山上膜拜神明。有的人还会在河畔要求"神明上身"，用铁钩背起沉重的卡瓦第（一种钢制的弓形枷锁），借皮肉之苦来显示还愿的诚意。大宝森节的活动会持续 24 小时，人们从一座印度神庙游行至另一座印度神庙，进行祷告和献祭，以此表示对神明

马来西亚国家皇宫

忠贞不移的信仰,祈求神明的赐福。

此外,位于马六甲市中心的峇峇娘惹博物馆,用各种文物展示了马来西亚华人与马来人通婚,两个民族相互融合逐渐形成了一种独特的传统习俗和文化。华人与马来人生育的后代,男性被称为峇峇,女性被称为娘惹。博物馆是典型的峇峇家族祖屋,建筑物为两层的砖木结构,融合了中国、英国和荷兰的建筑风格,屋里的布局与中国南方的建筑相似。峇峇娘惹的服饰是峇峇娘惹文化的代表之一,娘惹装——格巴雅是在马来长服加以改良的基础上,又融入中国元素和西方低胸衬肩的产物。娘惹的婚礼服大多采用中国绸缎和喜庆的中国红,用中国传统的手绣或镂空法进行点缀,绣上龙凤呈祥、富贵牡丹等图案,在裁剪上侧重突出女子的腰线。在丝绒面的拖鞋上用小珠子堆出花鸟虫草等图案,再配上巴迪纱笼裙,更显出姑娘的婀娜多姿。

由于娘家或丈夫家的经济条件相对优越,娘惹们往往喜欢穿金戴银,她们会佩戴项链、吊坠、镶嵌着珍珠宝石的耳环,款式精美别致。新娘身穿格巴雅和纱笼,脚蹬珠子拖鞋,手提珠珠包,更显雍容华贵。峇峇的服装则以中装为主,上身为对襟立领、中式钮襻的服装,下身为中式裤子。早期的峇峇还会留长辫,戴瓜皮帽或着长马褂。自19世纪初开始,一些人接受了英式教育并成为英籍臣民,因而其着装趋于西化,逐步穿上了西装。

马来西亚的气候炎热,当地的服饰一般采用轻薄、透气性好的材质,男装以深色为主,女装则色彩艳丽。马来人出席正式场合时穿的服装十分讲究,男士上身穿黑色的无领上衣,下身着深色长裤,腰间围着短纱笼并插有一把马来剑,头戴质地为黑色丝绒的宋谷帽,脚穿皮鞋或拖鞋。女士礼服与平时并无二致,均着宽敞的长袍和盖到脚背的纱笼,头戴单色头巾,但大多为真丝材质。除皇室成员外,当地人一般不穿黄色的衣饰。普通的打工族一般着便服或西服,只在探亲访友或适逢重大节日时,才着传统服装。在各种正式场合,男士们也可穿长袖巴迪衫,巴迪衫现已逐渐替代传统的马来礼服,成为马来西亚的国服。印尼人也流行穿巴迪衫,但马来西亚的巴迪衫在花色图案上与印尼的有所不同。印尼的巴迪衫多采用两边对称的图案，马来西亚的则多为竖条纹、细花或菱形几何图案，并不要求对称。

马来西亚览胜

马来西亚的旅游资源很丰富，这里的阳光沙滩、碧海蓝天，以及旖旎海岛、热带雨林、奇特洞穴、珍稀动植物无不令人陶醉，当地的特色美食、多元文化、古老民俗、历史遗迹和现代化都市，也都散发出独特的魅力，吸引着越来越多的外国游客。

到马来西亚，你可以穿梭在槟城、怡保的美食小吃街；潜入热浪、刁曼和诗巴丹的梦幻海底；亲近兰卡威、仙本那的湛蓝海水；享受金马仑、云顶的宜人气候；等待沙巴的美丽日落；探秘砂拉越州的原始岩洞；瞻仰马六甲的历史古迹，感受非凡的马来西亚。除去自然风光，马来西亚的一些主要城市和景点，都与中华文化有着千丝万缕的关系，这也从另一个侧面印证了中马两国友好交往的悠久历史。

吉隆坡是马来西亚最大的城市，是全国的政治、经济、文化、工业、交通中心，也是东南亚各国首都中最富有朝气、发展最快的城市，可以说是一座将历史与现代完美结合、将东方文化与西方文明有机交融的新兴国际大都市。吉隆坡是一个充满多元文化气息的城市，这里兼容了不同的传统风俗，实现了多种语言的互通。市内建筑迥异，有不同风格的现代建筑，也有各民族宗教色彩浓厚的寺庙教堂，构成了一幅幅东西方艺术风格相互交织的美丽画卷，体现出多元民族、多元文化的奇光异彩。

马来西亚国家石油公司的双峰塔，坐落于吉隆坡市中心，是马来西亚标志性的城市景观之一，是世界上最高的双塔楼。大楼表面使用了大量不锈钢与玻璃等材质，塔型外观犹如两把银色利剑，直插云端，两栋楼之间用天桥连接，游客们可在天桥上俯瞰吉隆坡最繁华的景象。吉隆坡塔位于吉隆坡市区的咖啡山上，是世界最高的电视塔之一。这座塔由混凝土建成，其抗风式结构使其足以抵挡时速达140公里的狂风。游客们可在该塔内每小时约旋转一周的旋转餐厅中用餐，品尝马来特色榴莲粥和其他美食，鸟瞰整个吉隆坡及巴生谷一带的怡人景色。

吉隆坡的唐人街名为茨厂街，位于老城区的西南地带，因19世纪中期在这里开办的木茨厂而得名。这里有中国式的牌坊，挂着汉字招牌的茶馆、餐厅、店铺和具有古典特色的中国传统式建筑。在这里，除了能吃到正宗的中餐，游客还可以品尝到我国广东、福建等东南沿海地区的各种小吃，如凉茶和炒粉，还可以买到中国的中草药、香菇、木耳、茶叶、服装和各种首饰及工艺品。每当夜幕降临，整条街的小摊比比皆是，街上熙熙攘攘。可说，这条华人街也从一个侧面记录、见证了马来西亚华人的百年奋斗史。

天后宫位于吉隆坡城中的乐圣岭，是一座供奉妈祖的中国传统庙宇，兼具岭南风格和我国北方传统建筑特色。它建造于20世纪80年代后期，是当地华人文化与精神的凝结之地。整座建筑宏大

1. 吉隆坡市中心
2. 吉隆坡双峰塔

精美，主殿供奉的是妈祖娘娘，两边的侧殿则供奉着水尾圣娘和观世音菩萨，寺庙里还有各种描绘中国神话人物的壁画。这里经常举行各种宗教和节日活动，异常热闹。作为吉隆坡的婚姻登记地之一，这里还会不定期地举行集体婚礼，许多新人都喜欢在这里举办婚礼。

吉隆坡火车总站位于市中心，建于1910年，是世界上独一无二的清真寺型火车站，蕴藏着古老而深厚的伊斯兰文化。

黑风洞是马来西亚的科学研究基地、印度教的朝拜圣地，更是著名的旅游风景区，位于吉隆坡以北约11公里处。黑风洞是亚洲洞穴中生态系统保存得最完好的一处，享有"马来西亚大自然奇观""石灰岩的幻梦世界"等美誉。景区内总共约有20个溶洞，有的被辟为庙宇、画廊或博物馆，其中最著名的是暗洞和光洞。位于光洞附近的一个洞中，有座建于1891年的印度教庙宇，庙门的牌坊上树立着百座彩绘的神像，山脚下建有印度教博物馆，馆内展出印度教神像、人物塑像和壁画等。这里是马来西亚印度教的圣地，每年的大宝森节，来此朝圣的印度教徒络绎不绝，数万名信徒争相攀爬于陡峭的272级台阶上，庙洞里更是挤得水泄不通，那场面十分壮观，吸引了成千上万的国内外游客。

适合深度游的国度

在马来西亚，还有一些发展比较成熟的旅游城市和景点，比如，布特拉贾亚（简称布城）是马来西亚第三大联邦直辖区，位于吉隆坡以南25公里，整座城市里山林茂密，其中70%的土地是绿地，环境清幽宜人。20世纪90年代初，马来政府为缓解首都人口增长和交通堵塞的压力，决定着手在拥有整片棕油园的雪兰莪南部的雪邦地区建立联邦政府的新行政中心、新吉隆坡国际机场和多媒体超级走廊。经过10余年的规划建设，布城现已成为一座颇具规模的现代化智慧型新兴花园城市，并成为马来西亚最新的一处旅游景点。

布城的建设遵循环保理念，强调人与环境的和谐共存。整座城市环湖而建，保留着大自然的翠绿景色——林园、湖泊及湿地等，远远望去，花丛林海，美不胜收。布城有风格独特的政府办公建筑，此外，布城还有如世外桃源一般的农业公园、极具观赏性的植物园和8座设计独特的桥梁。有人称，布城的建筑特点和格调反映了马来西亚的内在灵魂与精神，因而，布特拉贾亚被誉为马来西亚的未来遗产。

雪兰莪州的首府莎阿南，是马来西亚政府在1957年后设立的第一个规划城市，有众多旅游景点。以蓝白两色为主色调的莎阿南清真寺（俗称蓝色清真寺），是全马最大的清真寺，可容纳24000人同时在寺内做祷告。颇受游人喜爱的莎阿南湖滨公园，环境优雅、绿草茵茵、宁静舒适，是拍摄蓝色清真寺全景的最佳地点。在其周边还有被划分为9个不同展区的伊斯兰艺术花园，分别展出了雕塑、书法、油画和建筑等领域的作品。以观赏萤火虫而闻名的萤河景区，适合游客在晚上乘船游玩。位于雪兰莪州巴生港口外的吉丹岛是一个建在湿地上的小渔村，在涨潮时，全村内便见不到一寸土地，故各家住房均为高脚屋，道路则全是用木板建成的栈桥，犹如海岛度假村里的水屋。

马六甲是座多姿多彩的历史名城，始建于 1403 年。郑和下西洋时曾五次驻节在这里，16 世纪后，马六甲先后沦为葡萄牙、荷兰、英国和日本的殖民地。马六甲的建筑群既体现了东西方文明的融合，也带有浓厚的殖民色彩，似乎每一座建筑背后都埋藏有说不完道不尽的故事。当地的主要景点有纪念郑和而建的三宝庙、三宝井、三宝山和近年来新建的郑和文化馆。此外，地标性建筑荷兰红屋（现为马六甲博物馆）、葡萄牙人遗留下来的圣保罗教堂和英国人遗留下来的维多利亚女皇喷泉等以及前文已介绍过的峇峇娘惹博物馆都值得一看。

兰卡威岛是马来西亚最大的一组岛屿，岛上临海边有一个辽阔的巨鹰广场，广场上矗立着一座鹰塔，是兰卡威的新地标。兰卡威岛还有一座长 125 米的天空之桥，这座桥连接着两个山峰，横跨于空中，这也正是它被称为天空之桥的缘由。兰卡威的珍南海滩海水湛蓝、风光旖旎，是欧美人来兰卡威度假时的必选之地，这里还建有一道长 15 米的海底隧道，游客可尽情地观赏海洋生物。兰卡威附近的芭雅岛海洋公园包含了芭雅岛、兰布岛、赛干丹岛及卡加岛，四周被珊瑚礁所环绕，周边的海水适合浮潜、深潜和游泳。海洋公园里满是各种迷人的海洋动植物，许多濒临灭绝的鱼类及海洋生物得以在这里生存，你将在这里看到一个精妙绝伦的海洋王国。

槟城又称乔治亚市，是槟榔屿州的首府，因遍布槟榔树而得名。

全岛植被苍翠，山间多溪流和瀑布，市内有许多古老的宗教建筑，其美丽的风光被东西方游客所称赞，被誉为"东方长园""印度洋的翡翠"。槟城中有座建于1818年的圣乔治教堂，是一座带有白色尖塔和优美圆柱的英式建筑，是当地古老的名胜之一。极乐寺位于槟榔山（升旗山）麓，是马来西亚规模较大的佛教寺院，寺内还有一座兼具中国、泰国、缅甸三国风格的白色七层宝塔。槟城较有名气的景点还有马来西亚最早建成的蝴蝶公园、号称世上独一无二的蛇庙、张裕葡萄酒创始人张弼士先生的故居等。

怡保是座名副其实的山城，当地建有一座集天然温泉和游乐探险为一体的游乐园，名为迷失乐园，旧城中留下很多具有中式特色和多元化风格的古老建筑。怡保是马来西亚白咖啡的出产地，除白咖啡外，还有数不胜数的本土特色美食。吉隆坡以北50公里处有海拔1700多米的云顶高原，可沿着公路盘旋而上，直达山顶。云顶高原的平均气温只有15℃，是东南亚的高原避暑胜地，也是马来西亚重要的旅游打卡地。高原上山峦层叠，林海茫茫，花草四季繁茂，好似人间仙境。云顶高原上设有酒店，游客们可以选择光顾半山腰或山顶的酒店。

马来西亚的热浪岛是世界公认的旅游胜地，岛上建有多座度假村。现在，该岛已被马来西亚政府列为海洋公园保护区，禁止任何人在距离岸边23海里的水域内捕鱼及摘取海底珊瑚、贝类等生物，游客可在海中游泳、海上滑翔、潜水逐浪，或是在岛上的热带雨林中寻幽探秘。受季风影响，在每年的11月至次年2月，大多数度假村、

1. 马六甲
2. 浪中岛日落

酒店都会停业，水运也会受到严格的限制，每年的 5—10 月是热浪岛的旅游旺季。

刁曼岛位于彭亨州东海岸外约 30 公里处，商业开发程度比较高，深受新加坡人喜爱。这片海域的海水很清澈，肉眼就可透视至 13 米深的海底。这里是知名的潜水天堂，每年的 4—10 月比较适合潜水。除了潜水，刁曼岛上还有风帆、水上摩托车、香蕉船、独木舟、冲浪、快艇等水上运动项目。不敢下水的游客也可在海湾附近的原始森林中探险，游客们可在宛如大蛇缠绕的野藤蔓间穿梭、漫步，聆听此起彼落的鸟叫虫鸣，观赏顽皮地跳来跳去的猿猴和蛮横的大蜥蜴。每年的 11 月至次年 1 月是刁曼岛的雨季，在此期间海岛不对游客开放。

位于马来半岛南部的新山，是欧亚大陆最南端的城市，除港口、现代化建筑外，当地还有苏丹王宫、柔佛古庙、文化老街等风格独特的建筑。市内建有亚洲首家乐高乐园，院内设有适合各年龄阶层的 7 大主题园区，以及 40 种游乐设施，可供全家人尽情玩乐。新山市最大的优势是有长堤与新加坡相连，交通方便。另外，新山的麦片虾堪称一绝，十分美味。

马来西亚东部的沙巴州有众多适合旅游的小岛，较为著名的有仙本那县下辖的邦邦岛、马达京岛、卡珀莱岛和马布岛等。这里四处都被绿宝石般的海水所包围，简直就是个存在于现实世界中的梦境之岛。在这里，游客可以尝试海上拖伞、海底漫步等活动。邦邦岛因海龟而闻名，游客每晚都可以跟着度假村的工作人员参与寻找海龟蛋和小海龟的活动。马达京岛是进行潜水和观赏海洋生物的最为理想的去处，每年都吸引了无数的海底摄影家、潜水新手和资深潜水爱好者。马布岛是世界顶级的潜水胜地之一，岛屿四周的海域里生活着大量海洋生物，不谙水性的游客可在水屋走廊上观赏各种海底生物。而卡帕莱岛有"小马尔代夫"的美称，很适合蜜月旅行。

同样位于马来西亚东部的砂拉越州是一个由多元种族构成的社会，但这里的各民族都保留着自己的文化传统。这片广袤的土地仍被原始热带雨林覆盖，数以万计的珍稀动物生活在岛上的各个国家公园里。其州首府古晋市内有座始建于1888年的砂拉越博物馆，其外观设计和内部构造具有诺曼底排屋的风格，是亚洲最好的博物馆之一。有人说，砂拉越州多原生态景观，既是天然大氧吧，也是

马来西亚榴莲色正味浓

冒险家的乐园。

　　通过以上的这些介绍，想必你应该感受到马来西亚既拥有底蕴深厚的人文历史景观，又拥有丰富多彩的热带风光和原生态资源，是一个值得深度游的国度。我在马来西亚工作的 8 年里，在这里有过丰富多样的文化体验，也因此被马来西亚的魅力所折服。

卓锦花
代叶为
新加坡之国华
庚子秋 何北次

卓锦万代兰

新加坡国花

第七章
花园城市：

新 加 坡
SINGAPORE

中国前驻马来西亚特命全权大使

胡正跃

20世纪90年代，我在新加坡工作了4年半，后来又多次往访。无论是在工作还是生活方面，新加坡都给我留下深刻且美好的回忆，我心中的新加坡是一个令人感到惬意而又生机勃勃的地方。

花园城市

新加坡向来享有"花园城市"的美誉。如果你来到这里，会发现这座城市好像建在了花园之中。新加坡地少人多，寸土寸金。为了满足人们的各种需求，并吸引世界各地的游客，新加坡的城市设计者们像设计花园一般地规划新加坡每寸土地的用途，花园式的装饰随处可见。

初抵新加坡樟宜机场，便可看到机场大厅内宽敞明亮，一切可利用的空间里都摆满了绿植和兰花，加上热情专业的地面服务，一扫旅途的疲惫心态，精神着实为之一振。樟宜机场连续多年被不同的旅游杂志评选为世界最佳机场，机场里四处装点着的热带花卉无疑发挥了不小的作用。

走出樟宜机场，映入眼帘的是一条笔直的迎宾大道，生长在大道两旁、树冠展阔的雨树挡住了热带骄阳，粉白相间的三角梅悦目怡神，远处的东海岸边隐约可见沙滩和椰林，让人感觉"花园城市"的美名名副其实。新加坡全城各地布满了大小不同的花园，街边的庭院中铺设绿地，过街天桥上也花开不断。新加坡的绿化覆盖率高达50%，人均绿地面积约为25平方米。这些都是新加坡人精心设

新加坡樟宜机场

计、辛勤劳作的结果。几年前，我曾在新加坡园林局局长的手机里看到过一张地图，地图上显示着所有病树的详细方位和基本情况，随时可以跟进照料。其管理之精细可见一斑。

除了植物和花卉，新加坡更重要的组成部分是街道和楼宇，其规划和设计也大有学问。据我的观察，新加坡的建筑个性鲜明。大致有以下几类：一是具有英伦风情的建筑，包括总统府、殖民地时期所建的俱乐部、军营、博物馆、来福士酒店及周边的欧式建筑等。二是具有现代水准的建筑，新加坡高楼林立的金融区堪比纽约曼哈顿。近年来，在滨海湾一带新开发的大酒店、展览馆、艺术中心和绿植擎天柱等，更代表了现代建筑的顶级水准，既美观又与环境相谐调，搭配海天一色的自然风光，令人过目难忘。三是具有民族特色的建筑。在新加坡，具有中国、马来西亚及印度特色的古建筑和街道都得到了有效保护。

与20多年前我在当地工作的时候相比，如今的新加坡城内又建造了大量的新建筑，没有任何违和感，反而让这座花园城市更加繁华和漂亮了。这是怎么做到的呢？主要依靠三点：一是法律制度，二是管理水平，三是专家把关。据我所知，新加坡所有新建筑工程的审批，最后都是由一个人来定夺，那便是"新加坡规划之父"刘太格。蓝图靠有识之士绘就，人才是最宝贵的资源，公开透明的国际招标制度是实现最佳建设方案的可靠途径。

出席中新论坛第十三次会议

多元文化

在新加坡 700 多平方公里的土地上，生活着华人、马来人、印度人和其他种族的人群。华人虽为主体（约占 74%），但各种族地位平等、和谐相处。在新加坡，从宪法到各种法律，无不强调种族和谐的重要性。2016 年，新加坡国会通过了宪法修正案，确保少数族裔有机会担任总统，而"集选区"的设置使得新加坡的国会议员和内阁部长中有足够数量的少数族裔代表。

新加坡的国语是马来语，国歌是用马来语演唱的，三军仪仗队的检阅用语也是马来语。英语、华语、马来语、泰米尔语为官方语言，英语为行政用语。新加坡双语教育中的"双语"，指的是本族语言和英语。

由新加坡政府主导推进的政府组屋政策，会按不同族群混搭居住的要求安排和落实组屋的分配比例。每年的 7 月 21 日为法定的种族和谐日。这一天，新加坡的在校学生都要接受爱国教育，学生们穿上本民族服装参加集体活动，政府高官分别奔赴各校与学生进行交流。我在新加坡工作期间，仅听闻过一起因国会议员发言不当而引起的族群纷争事件，冲突在相关人士致歉后迅速平息。

新加坡的多元文化更体现在日常生活中，名为"牛车水"的新加坡唐人街和"小印度"社区充满活力，具有马来风情的服饰和餐饮店遍布各地。在新加坡，各种族重要的传统节日及宗教节日都是全国性的节日，不同宗教的活动场所均对外开放。在多元文化的浸

1. 在使馆接待李光耀资政
2. 在新加坡接待钱其琛副总理

第七章 花园城市：新加坡

润下，各族居民越发能够相互理解和包容。这既是生存环境所致，也是民众响应政府号召积极配合的结果。多元文化并存是新加坡的立国之本和国家活力的最大源泉。

东西方的融合

有人说，西方人看新加坡，会认为这是一个东方社会；东方人看新加坡，又会认为这是一个西方社会。新加坡脱胎于英国殖民地，在半个多世纪的时间里不断谋求自我完善和发展。新加坡继承和借鉴了西方的政治、法律体系和公务员制度，但又基于本国国情创造出一套独特的治国之道。

到西方国家求学是新加坡很多优秀学生的优先选择，新加坡的几所本土大学也和欧美国家保持着特殊联系。很多西方跨国公司都选择在新加坡设立区域总部。作为亚洲的航运、海运、炼油和金融中心，新加坡吸纳了大量的西方管理人才。除《联合早报》外，新加坡最有影响力的媒体均以英文为媒介。欧美国家的乐团和剧团也时常到新加坡演出。此外，新加坡的圣诞节氛围也不亚于任何西方城市，这里本来就很西化，有大量西方人在此居住。新加坡是旅游热点城市，当地的商家们自然不会放过任何一个赚钱机会。新加坡的圣诞节灯饰也是别具一格，市中心的街道上，各个门店悬挂的灯饰争相斗艳，美轮美奂。

与此同时，作为东方世界的一部分，新加坡在吸收西式文明成果的同时，也坚持着自己的传统价值观。20世纪八九十年代，新加坡曾经大力推崇儒家价值观，并对亚洲价值观进行了深入探讨。中国不断发展强大，新加坡的华人乃至部分印度人和马来人学习中文的兴趣大增，到中国来学习的新加坡留学生也越来越多。

长期以来，以宗乡会馆和中华总商会为代表的各类民间华人社团在传承中华文化、推进对华联系方面发挥了积极作用。推广中华文化的活动不胜枚举，有的是依靠各类基金会的赞助，有的则是由热心人士自掏腰包而促成的。在新加坡，乐善好施者比比皆是，涉及传统文化保护的事业更是有大量有识之士鼎力相助。当地华人对春节非常重视，节日气氛浓郁，贴春联、办年货、祭祖先、除夕守岁以及赶庙会等，应有尽有。每年的农历新年，新加坡都会举办名为"春到河畔"的庆祝活动。

新加坡华乐团创建于20世纪90年代。当时我还在大使馆工作，我记得乐团招收了多名中国的民乐演奏家。后来，我们在陪同领导人往访新加坡时，多次在国宴和不同场合欣赏过华乐团的演奏。在海外的华乐团中，新加坡华乐团水平当属一流。此外，新加坡涌现了多位华语流行歌星，如果没有这片孕育其成长的土壤，实难想象他们能够如此地大放异彩。

20世纪八九十年代，《雾锁南洋》等新加坡电视剧在中国风靡一时。现在，由于中国大陆的影视剧和综艺节目的水准不断提高，海外电视作品在中国大火的情形已经反转。如今，和新加坡当地的年轻导游聊天时会发现，他们对中国的演艺明星了如指掌，互联网的发展也加速了文化的传播和交流。

东西方文化的相互借鉴和融合，造就了一个多姿多彩的新加坡。

民风淳朴

新加坡已进入发达国家行列，人均 GDP 超过 6 万美元。然而，新加坡的百姓淳朴善良，鲜少见到怀着暴发户心态的人，节俭和勤劳仍是社会的主流价值观，这主要是因为新加坡人具有根深蒂固的危机意识。新加坡地小人少，自然资源较为缺乏，连淡水都要依赖进口。新加坡今天的成就是全体民众用辛勤劳动换来的，如今，日子虽然变好了，天然的脆弱性却无法消除，人们还是惧怕大风大浪。

国家具有危机意识，普通家庭和个人同样面临着竞争压力。新冠疫情期间，我给一些新加坡的朋友打电话问候，大家都在叫苦，公司经营难，面对房贷、车贷、就业、孩子升学等问题，都是"压力山大"。新加坡有很多外来移民，人口流动性大，大量的外籍劳工也增加了社会管理的难度。

和新加坡人打交道这么多年，我还真没见过大手大脚乱花钱的人。生意做得很成功的人，在用餐后仍会坚持打包，连拆封的餐巾纸也一并带走，他们认为随意丢弃是浪费且不环保的做法。那些普通的劳动者，在菜市场做小生意或者开餐馆、酒吧的人，都是起早贪黑地忙。而新加坡的一些服务行业，根本不会引进外劳，目的就是为本地人保留饭碗。

新加坡不是世外桃源，在这里，只有艰辛打拼才能过上好日子。

记忆点滴

在新加坡工作期间，我和使馆的同事曾到著名女指挥家李豪家去拜年。当时她已经70多岁了，见到我们时仍然兴致高昂、礼数周全。她和家佣一起张罗了一大桌菜肴，还特意带我们欣赏了院子里的栀子花，这是她从中国引进、精心培育而成的。

说到保持传统，我想起一位华人朋友，他现在已经80出头了。他中年丧妻，留下4个子女，都已培养成才，也算是子孙满堂了。但他几十年来，一直在现任妻子的陪同下，在除夕夜到庙里为前妻祈祷。这种做法本身就是一种无形的力量。他还教育子孙后代务必记住自己的根在中国。他每天开车带小孙女路过一次中国大使馆，看一眼中国国旗，告诉她他们的祖宗来自哪里。

新加坡书法家协会坐落在寸土寸金的乌节路上，其大门牌匾上的"爱我中华"四个大字格外醒目，这是新加坡老一代国宝级诗人、书法大家潘受老先生的墨宝。现在，新加坡书法家协会由潘受先生的弟子陈声桂先生打理，每年都会举办多项推广中华文化的活动。其中"挥春"这一项目颇受各界人士特别是孩子们的喜爱，陈声桂先生还收了一些"洋弟子"，新加坡前总统纳丹先生便是其中之一。

潘老的另一名弟子李淑芝女士也是我的朋友。我在马来西亚当大使时，她曾在吉隆坡举办了一场潘受遗墨展，目的是推进慈善事

1. 与女指挥家李豪女士（前排右二）合影
2. 与潘受先生（中）交谈。左一为油画家刘抗先生

视界 亚洲篇

业，我应邀出席了开幕式。若干年后，我收到她寄来的一本《李淑芝书画集》。我读完此书才知李女士得了一场登革热，高烧不退，昏迷数日，醒来后已被截去四肢。之后，她凭着惊人的毅力，在当地慈善机构的资助下，重拾画笔，用义肢继续创作，并在北京荣宝斋开了专场画展，她也因此而被人称颂为"义肢画家"。

打卡圣地

新加坡是首批被列为中国公民旅游目的地的国家之一，新马泰这条黄金线路确定之后，一直长盛不衰。

新加坡的确值得一去，不论是走马观花，还是深度旅游，都能领略到它的独特风情。在闻名遐迩的圣淘沙，游客可以体验环球影城刺激的视听效果，饱览奇幻的海底世界，并在海风的吹拂下欣赏世界级的夜场灯光秀。滨海湾花园是集吃喝玩游于一体的大型旅游休闲区，也是现代化新加坡的一个缩影。如果想体验异域风情，可以去一趟"小印度"，那里商店林立、音乐绕梁、美食香味扑鼻，节庆时还会举办多姿多彩的文化演出。而作为新加坡唐人街的"牛车水"，则会让游客们对数百年来南洋华人的谋生之路展开想象的翅膀。

我个人觉得，新加坡最值得去深度游的景点是新加坡植物园。新加坡植物园地处城市中心，始建于1859年，其中设有多个热带植物博物馆和研究所。植物园的设计方案融英伦与东方风格为一体，园内的20000多棵奇花异木竞相生长,展现出热情奔放的勃勃生机。尤为难得的是,这里有一座生长着东南亚品种最全的胡姬花(兰花)花园,千百种胡姬花姿态各异、色彩斑斓。其中最吸引人的是一个名人园,里面种植着以几十个国家的元首和王室成员名字命名的胡姬花,均由专人培育,值得一看。比如,以戴安娜王妃的名字命名的一盆浅白色胡姬花,无疑会给人带来无限的感慨和遐想。

有几类人也许会喜欢在植物园中久留。一是写生画家,二是摄影家,三是植物学家。我每次去新加坡,都会到此处游览一番。热带花卉变化多端,新加坡植物园会推出不同的参观主题。在植物园的门口有个礼品店,专门出售由胡姬花做成的首饰和摆件,这些工

新加坡滨海湾城市风光

艺品做工精美、价格合理，作为伴手礼是最合适不过的。

　　热爱历史和文学的朋友，到新加坡可以去参观晚晴园和广洽法师纪念馆。前者是孙中山先生建立同盟会南洋支部的地方，孙中山到南洋从事革命活动时，曾8次下榻晚晴园，并在这里策划了一系列重大事件。这个具有历史意义的建筑曾几经转手，后来由中华总商会接管。我记得，当年中华总商会为修复晚晴园举办慈善晚宴时，杨文昌大使和使馆的部分馆员都曾出席宴会。我们还专门从国内申请了一笔经费，予以支持。现在，晚晴园已交由政府部门管理，楼内藏品丰富，资料齐全。更难得的是，当地政府还将紧邻晚晴园的一块土地开辟成了中山公园。我在世界各地参观过不少与孙中山先

生有关的遗址，晚晴园旁边的中山公园大概是最新开辟的一个，这要归功于新加坡政府的大力支持。中国人能有今天的成就，离不开前人的奋斗。走出国门的我们，也应该去革命先贤们工作、生活过的地方看看，重温历史，坚定信念。我们不应忘记一代代海外华人做出的历史贡献。

广洽法师原籍中国，年轻时曾随侍弘一法师 10 年之久，后赴南洋弘法。抗战时期，他与多位流落海外的中国文化艺术界人士结缘，广受各界尊重，曾出任过新加坡佛教总会主席。广洽法师纪念馆于 2007 年落成，由时任新加坡总统纳丹先生揭幕。纪念馆展示了法师生前珍藏的百余幅珍贵书画，弘一法师、徐悲鸿、吴昌硕、丰子恺、马一浮、齐白石、于右任、叶圣陶、沙孟海、赵朴初等僧人大师和艺术大家的书画作品赫然高悬于堂上。其中，尤以弘一法师和丰子恺的墨宝为多。在海外高僧收藏领域，广洽法师纪念馆是藏品最为丰富的一所文化殿堂，十分值得一看。

新加坡也是一个美食天堂，这里的中餐、西餐、日料均具有一流水准。不过，作为普通游客，我建议去尝尝具有当地烟火气的美食。位于东海岸的"小红楼"的海鲜就很好。清新海风，露天餐桌，冰镇啤酒，点上想吃的各式海鲜，要炒要蒸自己做主。"小红楼"的食材多从印度洋沿岸的国家进口，味道鲜美。我推荐你品尝一下黑椒螃蟹，这真的是一道让人难以忘却的佳肴。胡椒多产自东南亚，最好的胡椒来自马来西亚的沙捞越州。可以说，新加坡进口的调料和食材都是上佳的。

另一道值得一尝的特色菜是咖喱鱼头,这是一道印度菜,新加坡最美味的咖喱鱼头在"小印度"。餐馆房间不大,摆设具有纯正的印度风格,搭配印度音乐和奶茶,享受美味的氛围就有了。当然最主要的是鱼头要好,调料要全,咖喱要地道,火候掌握得法,如此,这道菜一入口就难再忘掉。

说到底,比吃更重要的是了解文化。一道咖喱鱼头,加上屋外街道的氛围,可以使你增进对印度文化的了解。何乐而不为?

新加坡是以华人为主体的社会,而华人群体具有很强的地域性。几代人传承的结果是新加坡发展出了一系列以福建、广东、海南特点为主又兼具南洋特色的小吃,如海南鸡饭、肉骨茶、炒粿条等。特色小吃最为集中的地方是在芽笼一带。这里餐馆林立,菜品的特色鲜明,价格适宜。新加坡不产榴莲,但在芽笼能吃到产自马来西亚的当季榴莲,品种之全与吉隆坡相差无几。

对年轻的朋友来说,新加坡河畔的克拉码头是必游之地。每当夜幕降临,码头和周围商铺、酒吧、餐厅的灯光便会相继亮起,浓浓的节日氛围和愉悦气息在整个码头上蔓延开来。此时如果坐在露天吧台上,享受异域美食,眺望新加坡河两岸亦真亦幻的景色,就能感受到真正的狮城不夜天。

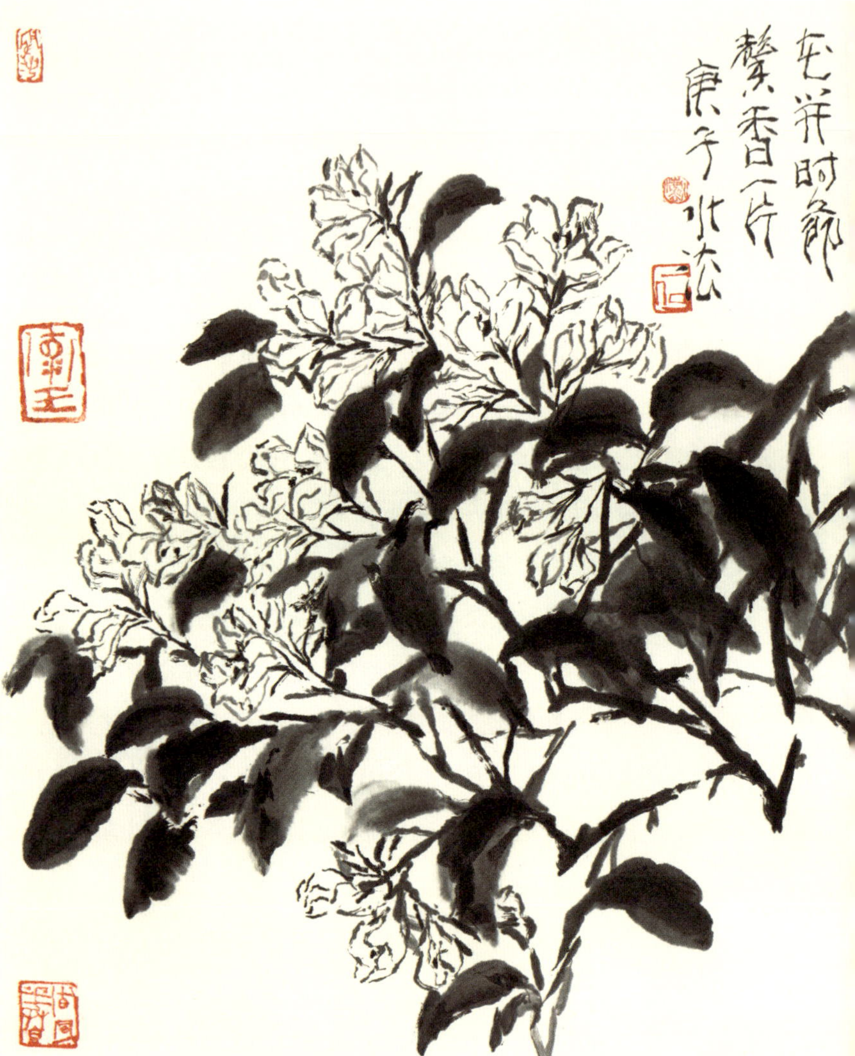

印度尼西亚国花
毛茉莉

第八章
千岛之国：

印度尼西亚
INDONESIA

中国前驻马尔代夫特命全权大使

余洪耀

印度尼西亚是世界上最大的群岛国家，素有"千岛之国"之誉。我第一次到访印尼，是在 1985 年随团参加万隆会议 30 周年的纪念活动。当时，只在雅加达和万隆停留，没有机会接触和感受更多的人和事，但当地的热带风光和雨季的瓢泼大雨给我留下了深刻印象。此外，与当时我国的基础设施建设相比，雅加达的市政建设、高速公路、立交桥也确实令我耳目一新。正如一些曾在发达国家工作过的朋友所说，仅从雅加达的摩天大楼和城市建设看，印尼并不比那些发达国家差，如不是亲眼所见，很难想象印尼已是"亚洲四小虎"的一员。后来，我常驻印尼，陆续到过一些外岛和爪哇岛的中小城市，与首都雅加达相比，那些地方相对落后，全国各地的城乡差距比较明显。很多地方的老百姓还沿袭着较为古老保守、传统朴素的生活方式。当然，在外国游客的眼中，这些或许更富有情趣和吸引力。

印尼主要的大岛为爪哇岛、苏门答腊岛、加里曼丹岛、苏拉威西岛、巴布亚岛等。爪哇岛作为印尼的政治、文化和经济中心，人口密度较大，全岛面积仅为全国土地的 7%，人口却占全国人口的一半之多。当地的穆斯林也有回家团聚的习惯，因而在每年的开斋节前，从雅加达开往中爪哇、东爪哇的火车、长途公交车连续数日都处于人满为患的状态，与未有高铁前的中国春运相比，真是有过之而无不及，毫不"逊色"。

印尼也是世界上现存火山最多的国家，拥有 400 多座火山，其中有 120 多座活火山。印尼地处地震带，因而频繁出现火山爆发和地震灾害。我在印尼工作期间，每年都要向国内报告数次印尼各地发生地震的有关信息，好在印尼的很多地方都地广人稀，而且很多地震震中都位于海底，故每次地震造成的人员伤亡和经济损失都不会很严重。

　　印尼的航空业和船运业相对发达，但陆路交通比较落后。我曾先后3次被派往中国驻印尼大使馆工作，在印尼累计工作生活了近10年。更令我感到自豪的是，我曾在中印尼1990年复交后的前5任中国大使手下工作。在使馆工作期间，如需要赴外岛或爪哇岛的其他城市，最方便的出行方式还是乘坐飞机。在爪哇岛，虽有公路和铁路东西横贯，但路况十分糟糕。尽管印尼政府采取了诸如Three in one（即每辆私家车在高峰期时，必须载有3人以上的乘客方可进入指定路段）以及设立潮汐路段、公交车专用车道、快速公交等措施和办法，但状况难有实质性改变。

雅加达千岛群岛之一小岛

近几年，雅加达正在修建城市轻轨（因雅加达海拔低，地下水位高，修建地铁的成本过高），但工程的进展速度很慢，与我国的发展速度是无法比拟的。我曾同我的印尼朋友开玩笑说："1985年，我第一次来印尼，你们就说高速公路很快就要从雅加达修到万隆了，并横贯爪哇岛，但当我2015年再次出席万隆会议纪念活动时，雅加达—万隆的高速路才刚刚抢修竣工，整整30年过去了，我才享受了一次在高速路上自驾去万隆的体验。"

岛屿风景

爪哇岛是印尼的第五大岛，也是印尼政治、经济、文化最发达的地区，岛屿呈狭长形，首都雅加达位于该岛的西北部。爪哇岛的北部多为平原水田和丘陵，南部是熔岩高原和山地，山间多为宽广的盆地。岛上拥有著名的世界七大奇迹之一——婆罗浮屠（意为"山丘上的佛塔"）佛塔，以及普兰巴南印度教塔群和位于中爪哇的莫拉比、位于东爪哇的布罗莫等多座活火山。

苏门答腊岛是海上丝绸之路的要道，工业、农业相对发达，其经济地位仅次于爪哇岛，是印尼第二大岛，也是一个名副其实的生物宝库，岛上有3个国家公园被联合国教科文组织指定为世界遗产保护区。全岛呈西北—东南走向，山脉自西北向东南斜贯，山脉东北侧为丘陵和较宽的沿海冲积平原，平原东部多沼泽，有世界最大的火山湖泊多峇湖。

加里曼丹岛（也称婆罗洲），北部属马来西亚和文莱，南部归印尼。岛屿的山地从中部向四面伸展，许多地方被原始森林覆盖，沿海平原广阔，南部多沼泽。世界自然基金会视婆罗洲为世界最重要的生物多样性集中地之一。

苏拉威西岛大多为山地，多峡谷、瀑布，是印尼山地面积比重最大的岛屿，全岛形状类似一个大写的"K"，由四个半岛分别向东北、东、东南和南伸出，仅沿海有狭窄平原。北苏拉威西省的首府万鸦佬为世界闻名的潜水胜地，其海底世界别有一番天地。

巴布亚岛的西部高山横亘，屹立着印尼的最高峰和世界上最高的岛屿山峰查亚峰，南部平原较为宽广，被称为地球上最后的原生态世外桃源。该岛三面环海，渔业资源丰富，境内多矿藏，拥有天然气、金、银、铜、铁、煤等多种矿产资源，正处于逐步开发的过

兴建中的神华国华爪哇 7 号项目

视界 亚洲篇

程中。该地区海岸线长，加之热带雨林中丰富的野生动物、植物资源以及独特的民族传统、文化习俗，都使得它具有很大的旅游发展潜能。

在印尼的各大城市中，高层建筑、摩天大楼随处可见，但在中小城市和乡村里，多数建筑仍旧是依照印尼各民族的习俗和传统而建造的，如高脚屋、牛头屋、长屋等。如果你有机会到雅加达，我推荐你去印度尼西亚缩影公园逛一逛。在那里你即可领略到全印尼各地、各民族的风俗习惯和生活特色，包括住房、服饰、手工艺和音乐歌舞等。印度尼西亚缩影公园系根据印尼前总统苏哈托夫人的倡议所建，在兴建之始，有不少人反对，现在，公园已成为印尼重要的爱国主义教育基地。这个缩影公园把印尼的岛屿山川、都市港口、名胜古迹按照其相应的地理位置，以具有艺术性的缩影形式展现在游人面前。乘坐公园的缆车，便可自西向东，鸟瞰印尼全景，一座座"岛屿"、一块块"陆地"，似颗颗翠珠，洒落在广阔湖面上，游客可以将"千岛之国"的美景尽收眼底。全国各省的展园、风格各异的建筑都是照原样修建而成。在这里，你可以欣赏到高脚茅屋、肃穆幽雅的白色寺庙和婆罗浮屠小佛塔，游客还可以漫游在伊里安查亚岛上的热带原始森林中，观赏古老的独木小舟、椰树丛中的金碧辉煌的宫殿等。缩影公园的大部分建筑和人物都是用泥塑造的，可谓集印尼泥塑艺术之大成，每座房舍、院落之内，都设有人物、鸟兽的塑像，大小比例与实物一样，千姿百态，栩栩如生。各省的展园每年都要举行数次展示各族民众婚礼、服饰等的大型表演。缩影公园内还有个鸟公园，在这里可观赏到印尼特有的天堂鸟。在公园内还建有1994年出席亚太经济合作组织（APEC）第二次领导人非正式会议的各国领导人参与植树活动的纪念林园以及石油博物馆等。在公园大门的一侧，建有一座IMAX电影院，影院的外观像一只金色的海螺，有世界上最大的银幕，专门放映介绍印尼风俗习惯、历史地理、经济文化的纪录片。在观看电影时，观众虽然坐在椅子上，却仿佛乘坐飞机穿越大峡谷，俯瞰喷射熔岩和灰烬的火山，身临其境地观看马都拉人赛牛、伊里安人狂欢，还可以参加巴厘人的葬礼，出席爪哇人传统的结婚盛典。尤其是当银幕上的大象将足球踢向观众的时候，令人有种躲闪不及的感觉。游客在参观科莫多（一种大蜥蜴）展馆时，可以随着展馆螺旋式的结构拾级而上，在此过程中会产生一种人往下走、水往上流的幻觉，还可在大蘑菇状的餐厅内品尝具有印尼特色的肉丸、鱼丸、牛羊肉或鸡肉烤串、牛尾汤，以及用多种香料做成的煮牛肉、发酵过的豆饼等美食。

风俗习惯

印度尼西亚是个历史悠久、文化多样、资源丰富、风光旖旎的热带旅游胜地，也是一个拥有多个民族、多种宗教的国家。全国共有上百个民族，使用200多种语言，除了各种方言外，全国各族人民都能很好地掌握印度尼西亚语。

印尼人民总体上礼貌好客、文雅谦恭。在伊斯兰开斋节、华人

雅加达新唐人街

春节时，人们开门迎客，无论是政府高官还是普通民众或是名人商贾，彼此串门拜年，相互道贺。邻里朋友遇到困难时，大家都会主动提供力所能及的帮助和财物支持。印尼宪法规定，公民享有宗教信仰自由，人民可以选择信奉不同的宗教，政府支持正常的宗教活动，世界上的各大宗教在这里都拥有较多的信奉者，民间还盛行原始拜物教。印尼的地理位置处于亚洲—澳洲和太平洋—印度洋之间，在历史上曾受到印度、中国、阿拉伯等多种文化的影响，因而融汇了多种文化和宗教信仰。这些都归功于印尼的建国之父——首任总统苏加诺所倡导的"一个国家，一个民族，一种语言"的治国理念。

印尼各民族能歌善舞。印尼的音乐多种多样，在人们的日常生活中占有十分重要的地位，在世界上也具有较大的影响力，如印尼的《梭罗河》《哎呦妈妈》《星星索》《划船曲》等经典民歌在中国具有较高的知名度。爪哇族的皮影戏、舞蹈和巴厘岛的狮子舞、猴舞等也都别具一格，特色鲜明。印尼开展全民健身活动，足球、羽毛球运动普及程度相当高，集体列队行走、运动自行车也吸引了大量爱好者，雅加达每年都要举行规模庞大的马拉松比赛，吸引了众多参赛者。政府还规定，每周六的早上5点到10点间，雅加达市中心的主要大街禁止机动车通行，开辟为供百姓列队行走和进行骑车运动的场地。如你有机会亲临现场，就可以看到一个个着装统一、步伐整齐、精神抖擞的方阵，在你的眼前依次走过。

除了8月17日国庆节外，印尼的重要节日还有穆斯林开斋节、盛行于巴厘岛的印度教静居日、华人春节和基督教圣诞节等。印尼每年的国庆节，即独立日的庆典活动相当隆重。当天，全国各地都要举行升旗仪式，即便是假日，学生们也须到学校参加完升旗仪式后才可回家。无论是政府机构，还是商家或是平民百姓，家家户户的门口都会挂上红白两色国旗，全国上下都沉浸在红白色海洋中。在首都雅加达，通常会在总统府前举行检阅仪式和群众游行，并隆重捧请出印尼建国时第一次升起的国旗，用以回顾历史并缅怀为争取国家独立而献身的革命先辈。政府的全体内阁成员、前政要、国家功勋人士或其家属子女都会出席仪式，外交使团应邀观礼，仪式全程由国家电视台向全国进行现场直播。国庆节当日，印尼各地还会举行形式多样的娱乐活动或比赛，真可谓举国同庆。

主要信奉印度教的巴厘岛居民拥其独特的文化，巴厘岛印度教融合了本土提倡的万物有灵、崇拜祖宗的传统习俗，认为最重要的是对神的尊重，不同于传统印度教主张的冥想、苦行等修行方式，他们将沐浴、熏香、朝拜、凝视神像等都视为对神的尊重和供奉之意，十分注重村庄的方位、建筑物的朝向等。每个人在人生中的各个阶段都要举行仪式，包括为出生取名、穿着交友、工作就业、结婚生子、去世火葬等生活各方面举行的祭祀活动，这或许是巴厘岛上几乎天天都会有庆典仪式的原因之一。巴厘岛印度教最重视的节日是静居日，也叫静心日，通常在每年的公历 3 月份。这一天是巴厘岛印度教的新年，不同于一般节日的热闹喜庆，人们要遵循不生火（包括不开灯）、不工作、不出门、不娱乐的"四禁"。当天，全岛所有的店铺停止营业，人们一整天都不生烟火、不出居所，在家闭门思过，以求内心安宁，进而融入自然界的宁静之中，达到真正的空和静。入夜后，家家都不点灯，所有娱乐场所都会停业，整个巴厘岛一片漆黑，没有一点声响，连飞机都要停飞一天。直到翌日6点才开始"解禁"，恢复正常活动。

旅游观光

近年来，前往印尼的中国游客数量大幅上升。印尼的气候分为旱季和雨季，我个人认为这两个季节各有千秋。虽然雨季里可能每天都会下雨，有时甚至是倾盆大雨，给户外活动造成不便，但印尼的雨说来就来、说走就走，往往下一两小时后就会停，并不会给整体的旅程带来太大影响。旱季虽无雨，但高温炎热，紫外线强，需注意避免日晒中暑。此外，如果去印尼旅游，最好避开斋月和开斋节。如要去巴厘岛旅游，最好避开巴厘岛印度教的静居日。

去印尼旅游，除了巴厘岛和雅加达外，我认为还有很多值得参观游览的地方。只要事先做好功课，联系好导游，印尼的许多地方都适合进行深度游或自由行。印尼的巴厘岛拥有世界一流的努沙杜瓦度假区，别具一格的天空之门，著名的冲浪胜地库塔海滩、萨努尔海滩，可体验潜泳的图兰奔海滩，代表神秘宗教文化的海神庙、水神庙和象洞，适合观看日落和品尝烧烤的金巴兰海滩，除此之外岛上还有个名为"乌布德"的地方。乌布德是巴厘岛的文化艺术中心，也是世界闻名的艺术村。在那里，你可以参观克隆孔统治时期的王宫，然后到分布着工艺品作坊、商店和博物馆的大街小巷看看，随处可见的绘画、雕刻、音乐、舞蹈、摄影、建筑等艺术作品让人不由得沉浸其中。还可以去看看当地的斗鸡、猴子爬树摘椰子等表演，享受一下惊险刺激的漂流运动，体验一下在丛林深处坐着大秋千荡至半空中的感觉，品尝一下当地的风味鸭也是相当不错的选择。但特别要提醒大家的是，巴厘岛情人崖等地方的猴子十分刁蛮，会时不时地向人发起攻击，不仅会向人索要食物，甚至还会抢翻人的手提包等，所以要格外小心。位于巴厘岛东面的龙目岛上耸立着贾尼山，站在山顶俯瞰美景，不禁感叹大自然的奇异瑰丽和鬼斧神工，还可以攀上火山口，欣赏火山湖美景。

雅加达历史悠久，市中心的独立广场中央矗立着高达137米的民族独立纪念碑，碑顶的火炬用35公斤的黄金铸成。碑座地下为历史博物馆，在那里可以聆听苏加诺总统当年宣布印尼获得独立的录音。印尼的国家博物馆是一座古老的欧式建筑物，馆内陈列着佛教和印度教的石雕像、古代钱币、印章、大天平、木制用具和古典乐器等。在陶瓷馆内有众多的瓷器馆藏，有些古瓷可以追溯到中国商、周时期，这些瓷器是千百年来印度尼西亚同中国友好交往的见证，也是印度尼西亚社会文化的缩影。另外，城南建有著名的印度尼西亚大学和动物园，城北坐落着类似于迪士尼乐园的安卓尔梦幻公园和海洋世界水族馆。而雅加达的老城区内建有展现印尼百年金融发展史的银行博物馆、钱币博物馆以及皮影博物馆、美术馆等。位于雅加达北面的爪哇海中还有小千岛群岛，从雅加达出发，乘快

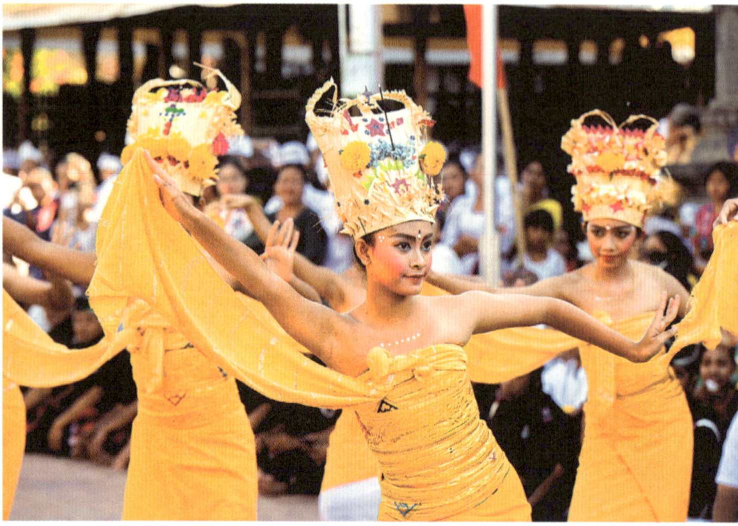

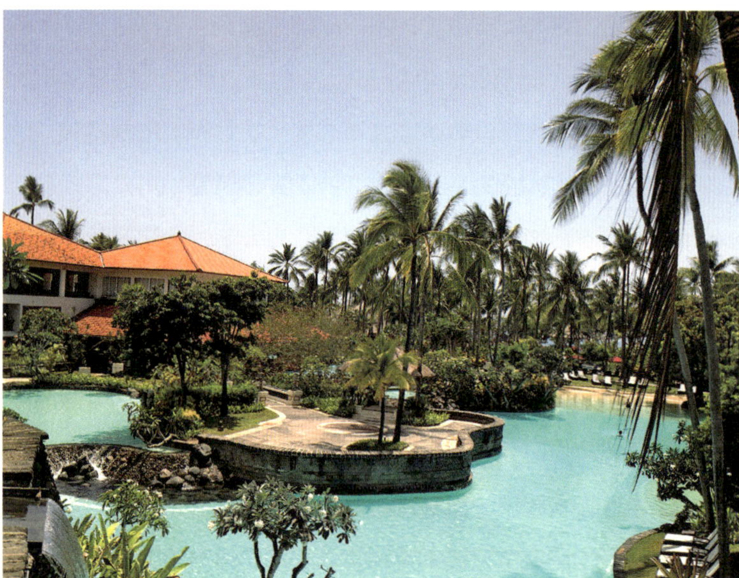

1	3
2	4

1. 巴厘岛印度教祭祀活动
2. 巴厘岛旅游酒店一角
3. 巴厘岛印度教祭祀活动
4. 巴厘岛梯田

第八章　千岛之国：印度尼西亚

艇抵达小岛约需两个小时，可根据个人兴趣爱好来安排行程。

西爪哇省的首府是万隆，四面群峰环绕、植物繁茂，素有"爪哇的巴黎"之称，当地建有万隆会议纪念馆。万隆还建有全国唯一的飞机制造厂和建于1920年的万隆工学院，当地还有著名的覆舟山和温泉，你还可以观看传统的斗羊比赛和独特的昂格隆（一种竹制乐器）演奏节目等。万隆是印尼的纺织业和皮革业发展中心，那里有一条牛仔街，你可在那里选购各种牛仔服装。位于雅加达以南50多公里处的茂物市，建有东南亚最大和最著名的茂物植物园、动物园和总统行宫，还拥有气候凉爽的山顶度假区和景色优美的茶园。

中爪哇省首府是三宝垄，相传中国明代的航海家郑和及其船队曾在这里登陆，该市由此而得名。市内建有铁路博物馆和以展现爪哇族历史文化为主题的省博物馆，当地还建有用以纪念郑和的三宝庙，庙内供奉有郑和船队使用过的大铁锚。每年的农历六月三十，当地的华人都会组织盛大的纪念活动，场面热闹非凡。位于爪哇中部的日惹，也是印尼重要的文化教育窗口和旅游胜地，市中心坐落着建于1756年的苏丹王宫，由日惹苏丹国首任国王哈孟古·布沃诺一世设计并修建，整座王宫为伊斯兰和爪哇文化的混合体，兼具欧洲风格，印尼最古老的两套甘美兰铜乐器都被收藏于此。该市西北约40公里处，屹立着婆罗浮屠，它是世界上面积最大的佛教建筑群遗迹，建于8世纪，采用当地的火山岩建造，塔身分为10层，总高40多米，相当雄伟壮观。佛塔上有2600多块浮雕和500多座佛像，沿着台阶往上走，每一层的回廊石壁上都刻满了栩栩如生的浮雕，雕工细致精美，图案丰富多样，有的描绘佛经故事，有的生动地展现了人民的日常生活及各类牲畜、花鸟鱼虫等。大大小小的佛像，神情姿态迥然相异，足够你看上好些时间。爬到塔顶端，你可以透过镂空的舍利塔看到里面的佛像，天气晴好时，可以眺望默拉皮火山，而这些静坐着的佛像，似乎也在和你一样凝望远方，很有意境。婆罗浮屠也是观看日出的绝佳之地，很多人专程于清晨寂静之时，在此等待太阳升起、阳光映照佛塔和佛像的时刻，那时的景色安宁而壮美，撼动人心。要想看一场绝美的日出，基本上要在4点之前从日惹市区出发，而且要提前查好天气情况，在晴天无雾时启程。

雅加达市中心

东爪哇的省首府泗水，是以抵抗英军连续巷战21天而闻名的英雄城市，全城可见各种纪念碑。市内建有印尼第一座以郑和的名字命名的清真寺，圆形穹顶八面三层，以鲜艳的红、绿为主色调，体现东方建筑的特点，别具一格。另外市内还有潜艇博物馆、动物园、全国最大的造船厂和由中国承建的连接马都拉岛的跨海大桥。位于泗水市西部的布罗莫火山也是一个观看日出的好地方，据说，在这里能见到令人惊叹的、与月球表面最为相似的地貌。在凌晨时分徒步前行，脚踏着月球般的地貌，仰望着繁星闪闪的夜空，让人不禁感觉进入了外太空的世界。火山的洞口会喷发出柱状白烟，景致蔚为壮观。清晨时分，可以站在火山口上观看日出，当太阳冲出云雾，露出光芒的那一刻，你会看到一缕缕阳光穿透浓烟，万丈光芒普照着整个火山口的壮观景象。

苏门答腊岛最北端的班达亚齐市，市中心有一座始建于12世纪的清真寺，近海边坐落着记录2004年印度洋大海啸的海啸博物

馆。北苏门答腊省的省会棉兰市建有现代化的勿拉湾港口和全国最大的种植园，市内有尤沃诺·苏达索诺博士创建的拉玛特国际野生动物博物馆，其中的野生动物标本藏品非常丰富。著名的多峇湖也位于苏门答腊岛，是印尼最大的火山湖和淡水湖，西北边有落差为300多米的希必梭比索瀑布。苏门答腊岛的米囊加保族，是世界上最大的仍保留母系氏族传统的民族，男嫁女娶，氏族身份按母系传承，财产由女性成员继承。"米囊"意为"胜利"，而"加保"则意为"水牛"。据传，在古代，米囊加保人与邻族发生领土纠纷，众人建议双方各挑一头水牛，让它们相互搏斗，哪个民族的水牛被咬死，哪个民族就算输了。为了获胜，邻族的首领挑选了一头身强力壮的母牛，而米囊加保人则选了一头小水牛，并在小牛的犄角上绑上刀片。两牛上场对阵时，小牛仔见到母牛，直奔过去找奶吃。母牛毫无防备，被小牛犄角上锋利的刀刃戳破了肚子，当即倒地而亡。这样，小水牛为米囊加保族赢得了胜利。米囊加保族的族名便

苏门答腊岛多峇湖

流传至今。西苏门答腊省西南沿海地带有一片明打威群岛,岛上的明打威族人酷爱文身,人们将他们称为"花人"。文身师用棕榈树汁和木炭等煮成染料,然后用针在人身上刺出各种花纹图案,再染上色汁,这样刺在身上的花纹就会终身保留下来。这种文身是在庄重古朴的仪式下进行的,一般从孩童时期开始,每个人一生中都要进行几次文身,直至文满全身的状态。

南苏门答腊省省会巨港,是 7 世纪印尼信奉大乘佛教的室利佛逝王国的统治中心,曾一度控制了马来群岛的大部分地区,于 14 世纪被满者伯夷王朝所灭。省内旅游资源丰富,主要旅游景点包括室利佛逝古国遗址公园、锡贡堂山公园、柯马罗岛等。柯马罗岛是穆西河中的小岛,距离巨港约 40 公里。岛上建有中国风格的佛教寺庙。传说,当地的公主与一位中国皇子相爱,当地国王同意了婚事,但要求得到贵重的礼物。于是中国的皇子写信给父亲,要求寄送金银财宝。礼物送到后,皇子打开盒子一看,原来只是些蔬菜而已,皇子非常失望,把礼盒扔进了河里。护送礼物的人赶忙告诉皇子,蔬菜里藏有非常珍贵的宝物,蔬菜是为了防止盗贼而用来做伪装的。皇子听后非常懊悔,立即跳进河里寻找礼盒,可再也没能上岸。公主听闻后,悲痛不已,也跳进了穆西河。河里随即出现了这个名为柯马罗的小岛。

此外,位于印尼东努沙登加拉省西部的科莫多岛,因拥有世界上最大的蜥蜴科莫多而闻名于世。这种被叫作科莫多龙的蜥蜴身长可达 3—4 米,它在捕食动物时凶猛异常,奔跑和游泳的速度极快。

其最厉害的武器并非利齿和巨爪，而是可令猎物中毒而亡的唾液。印尼其他大岛也都有各自的特色，但交通往来相对困难，一般游客恐怕很难有足够的时间前去观光游览，但对那些以探险、考古、摄影等为主要目的的游客来说，许多尚未完全开放和开发的景点都是值得探索的。

印尼人忌讳使用左手接物或传递东西，忌讳别人摸小孩子的头；憎恶男士翘二郎腿和女士分腿而坐；一般不用食指指人、指物，而是用大拇指。遇到可爱活泼的小孩子，可用"玛尼司"（是"可爱"的意思）或"占迪克"（是"漂亮"的意思）来表达赞赏和喜爱。如在贴近别人时需要借道而过，可以说"玛阿夫"（是"对不起"的意思），并略微低头弯腰，向下伸出右手，侧身而过。

特色美食

在印尼各地的各色菜肴中，最经典的是以油炸和辣味重而闻名的巴东菜。巴东牛肉在印尼菜中最负盛名，牛肉吃起来非常嫩，各种调料混在一起的味道特别香，适合搭配白米饭食用。牛尾汤也是颇受游客喜爱的印尼美食，做法是先将牛尾块烤熟后放入油中煎炸，再用土豆、胡萝卜、西红柿、芹菜和炸青葱等调料炖出成色清亮的牛肉蔬菜汤。

印尼人喜欢以大米、玉米和薯类为主食，也喜欢面食，包括面条、面包等，副食品主要包括鱼、虾、牛肉、鸡肉及种类繁多的蔬菜。他们也喜欢用香蕉叶、芭蕉叶等将糯米包成菱形或其他形状的饭包，蒸熟后食用。印尼盛产香料，老百姓烹制菜肴时喜欢加入椰浆、胡椒、丁香、豆蔻、咖喱等香料，以及辣椒、葱、姜、蒜等调味料，他们的餐桌上常备有辣椒酱。印尼人习惯吃西餐，受当地华人的影响，也普遍喜欢中餐。除了官方场合和城市家庭中使用刀叉外，民间习惯用右手抓饭。

印尼的风味小吃种类繁多，有炸香蕉、糯米团、鱼肉丸、炒米饭及各种糕点，较为有特色的是千层糕、嘎叨嘎叨等。印尼的沙爹，即羊肉串或鸡肉串，可与印尼炒饭搭配食用，印尼炒饭也十分美味，一般来说，椰浆、甜酱油和虾酱都是炒饭必不可少的配料。此外，用黄姜汁、椰汁、香茅草和小桔叶等做成的黄米饭则是印尼婚礼和祭祀典礼上不可或缺的食物。

印尼盛产各种热带水果。令我印象最深刻的便是榴莲，尤其是苏门答腊岛棉兰产的榴莲。榴莲不能一次食用过多，更不可在食用榴莲的同时饮用高度白酒。除了榴莲，印尼还生产毛竹、红毛丹、蛇皮果、朗萨、杜固等。印尼的咖啡也值得称道，特别是猫屎咖啡，当然爪哇咖啡也相当不错。

服饰文化

男士在办公室通常穿长裤、白衬衣，打领带，女士在办公室内通常穿着裙子和有袖子的短外套。长袖蜡染巴迪衫为印尼的国服，通常在正式场合穿着，适合男士穿，既凉快又庄重。据我所知，印尼的外交部有规定，每周五上班时需统一穿着巴迪衫，以便参加早晨的集体锻炼。因此，对我们这些外交官来说，如果周五要去印尼的外交部拜会，就不必非要以西服领带示人了。在印尼，优质丝绸巴迪衫色彩鲜艳、图案各异，每件价格至少在200美元以上。女士们穿着格巴亚（一种紧身短上衣）和纱笼则能充分体现出女性的曼妙身材。在印尼，纱笼是一种男女均可穿着的传统布围裙，通常系在腰部。女士纱笼，既可系在胸部，也可斜系在肩上。

工艺礼品

印尼的工艺品和纪念品种类繁多，雅加达的各大商场和旅游景点均有售卖。格里斯短剑、木雕、石雕、金银器制品、皮影、木偶、彩贝制品、牛角工艺品、果核小工艺品、巴达族榕树手杖、达雅族树皮提袋、龙等都具有印尼特色，深受外国游客喜爱，可以作为伴手礼赠送给亲朋好友。雅加达中部的泗水街是一个淘宝的好去处，这里有各种工艺品，如果你是行家里手的话，或许还能在这里找到一些真正的古董或宝贝呢。如果你想购买金银制品、巴迪布等，建议你去中爪哇省的日惹市，那里有专门的作坊，游客可以了解其全部工艺品的制作过程，日惹市的市中心有一条名为马里奥波罗的街道，专卖具有印尼特色的各种工艺品和小纪念品，其夜市尤为热闹。

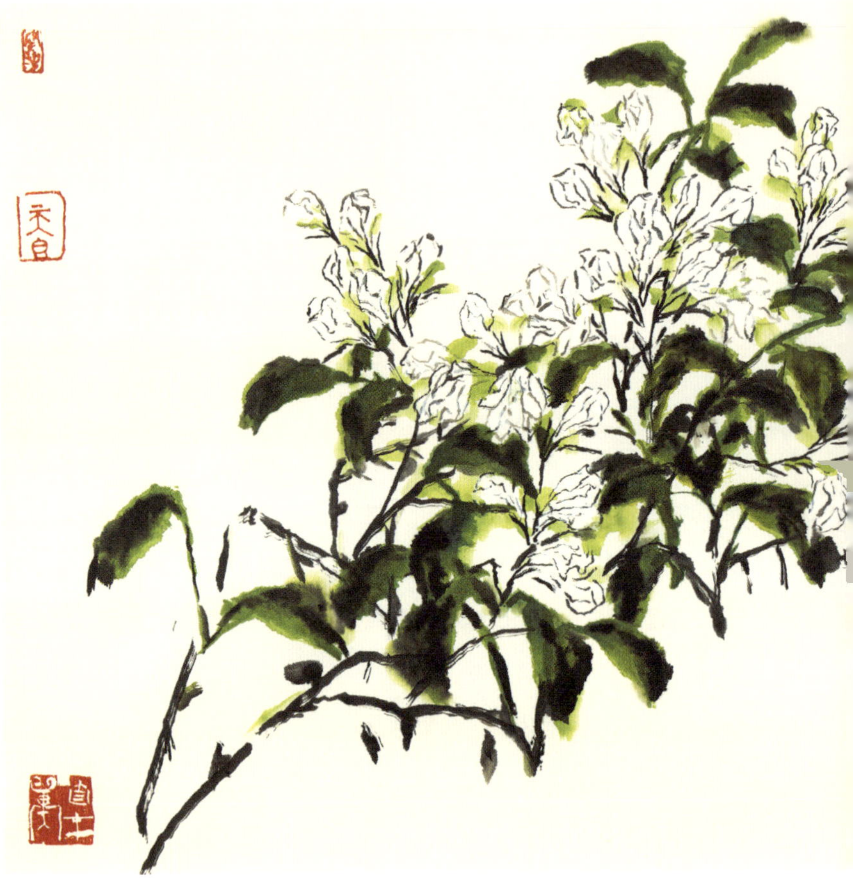

淡雅輕盈香韻遠月夜清輝賞露華 丙申寫菲律賓所見何水法寫於湖上梅華書屋

菲律賓國花

茉莉

第九章
热情奔放：菲律宾

PHILIPPINES

中国前驻菲律宾使馆文化参赞
袁维学

过去与现在

大约在五六千年前，马来人先后从印尼群岛、马来半岛、印度支那等地移居到菲律宾群岛。在西班牙殖民者入侵之前，菲律宾有许多土族部落和马来族移民所建立的割据王国。1521年，葡萄牙航海家麦哲伦率领的西班牙远征队到达菲律宾群岛。1543年，西班牙的三队兵舰穿越太平洋，前往摩鹿加群岛，途中经过菲律宾群岛，添办食品和饮料。当地民众送给比利亚洛沃斯（Villalobos）率领的舰队许多粮食。西班牙人想给这里的群岛取个光荣的名字来报答当地人，又因为西班牙王储就叫菲利普，便将菲律宾中部诸岛称为菲律宾群岛（Las Islas Filipinas）。

1565年，西班牙侵占菲律宾，统治菲律宾300多年。1898年6月12日，菲律宾宣布独立，成立菲律宾历史上第一个共和国。同年，美国为了与西班牙争夺殖民地而发动美西战争，双方最终签订《巴黎和约》，美国凭此占领菲律宾，菲律宾继而又沦为美国殖民地。1942—1945年，日本占领菲律宾。日本在二战中战败投降后，菲律宾再次沦为美国殖民地。1946年7月4日，菲律宾独立。

菲律宾实行总统内阁制。总统为国家元首、政府首脑兼武装部队总司令。中央政府采取行政、立法和司法三权分立制度。在结构及功能上，地方政府与中央行政府相似。

在菲律宾，多种语言和宗教传统并存。远古时代，菲律宾孕育了丰富多彩的本土文化，后又在中国、马来西亚、欧洲诸国和美国的影响下形成了百花齐放的多元文化发展态势。菲律宾有70多种通用语言。绝大部分属于马来-波利尼西亚语系。他加禄语、宿务语、伊洛哥语、比科尔语、萨马语、邦板牙语、班嘉诗兰语等语种使用广泛。他加禄语和英语为官方语言。他加禄语的文字是拉丁字母拼音文字，大部分其他方言也都采用拉丁字母拼音。

民族风俗

菲律宾少数民族有自己独特的习俗。内库利特族居民不分男女老少都喜欢文身。孩子长到12岁时，就会在两臂、胸部及背部刺上许多图案。随着年龄的增长，身上的图案会越来越多。巴扎人常年生活在海上，以海为家，以船为家，几乎与外界隔绝。部族内可以通婚。如果是近亲结为配偶，行婚礼时要向海神祈求消灾免祸。

菲律宾人大多通过自由恋爱结婚。在农村，男青年往往用歌声向他倾心的姑娘求爱，并赠以花束，花的颜色以白色和桃色为佳，茶色和红色属禁忌之色。菲律宾穆斯林婚姻由父母决定。男方通过媒人向女方家庭提出求婚意愿，并交付聘金。婚礼仪式由伊斯兰阿訇主持。少女步入十二三岁时，便被视为处于适婚年龄。土著伊戈罗特人的婚约主要有两种形式：父母主婚和试婚。试婚期间，如果不能生育，可以随时分开。巴扎人允许多偶婚的存在，他们的婚事多半由父母包办，经常是表兄弟姐妹之间通婚。矮黑人男子求婚，须用弓箭射穿女子在远处安置的竹筒，未射中者，说明男子无力养活妻子，求婚的目的就难以达到。

每逢星期日，菲律宾全国各地都会举办斗鸡比赛。斗鸡的风俗是由西班牙传入菲律宾的，现已成为菲律宾民间极为流行的一种游戏。斗鸡大体可分为天然斗鸡、本地混种斗鸡和进口斗鸡三类。还有一种"蒙地诺"斗鸡，是由美国、古巴、西班牙的斗鸡与本地鸡杂交而生，战绩最好。斗鸡场往往建在大厅中央，平台高约1.5米，观众围在四周。斗鸡比赛开始后，鸡主人分别抱出自己的鸡（鸡腿上都缚有刀片）将鸡放入围栏内。斗鸡场面惊险而残酷，吸引着大批本地观众和外国游客驻足围观。

每年3月15日后的第一个星期日是圣周节。圣周节是菲律宾天主教徒为纪念耶稣被钉在十字架上而举行的宗教庆祝活动。在7天圣周节中，每天都有活动，到了周日，教徒先在教堂内集会祷告，然后游行，以纪念耶稣在受难前进入耶路撒冷。圣周一，开始诵经；圣周二，做弥撒；圣周三，举行圣欢会；圣周四，是忏悔日；圣周五，是耶稣受难日，这天晚上会举行圣葬；圣周六，是耶稣复活日，圣周节的庆祝活动在这一天达到高潮。为了纪念耶稣和圣母重新会面，还会举行"会面游行"。

每年5月15日是圣伊斯多节。传说，古时候在巴纳哈一带有个农民名叫圣伊斯多，终日在地里劳作。即便别人颗粒无收，他仍然收获颇丰。圣伊斯多死后被当地人尊为土地的保护神。在他去世的5月15日这一天，人们用大米做成卡饼，涂上各种颜色，装饰房子。人们还会抬着圣伊斯多的高大塑像游行。游行结束后，孩子们可以向装饰着卡饼的房子的主人索取美味食品。

文化与艺术

菲律宾被殖民统治300余年，其文化艺术受西方影响较深。自菲律宾独立后，历届政府都重视维护和发展民族文化。通过实施一系列本土化、民族化举措不断提升菲律宾文化的艺术水平。

菲律宾文化中心隶属于文化委员会，是一个独立的半官方机构。菲律宾文化中心启用于1969年，旨在保护菲律宾的传统文化艺术；展示菲律宾的艺术成就，鼓励菲律宾的艺术家们以菲律宾本土题材和文化传统为蓝本进行艺术创作。为了丰富菲律宾人的自我表现力，促进与国际艺术机构的合作，菲律宾文化中心邀请外国艺术家前来举办演出和展览。如今，文化中心平均每年举办500场各类艺术活动。菲律宾文化中心设立艺术成就奖，其中最有声望的奖项是"国家艺术家奖"。中心设有剧场、展厅、影院、训练厅、图书馆等，下属文艺团体经常在剧场里举办演出活动。

菲律宾文学传统深厚，远在西班牙殖民统治之前，菲律宾就有丰富多样的口传文学和书面文学形式。口传文学的内容主要分为三种类型：（1）神话与传说，用以叙述世界的创造历程以及男、女、花、鸟、动物等的起源；（2）歌曲与诗歌，用以歌颂神灵和英雄的功勋；（3）寓言、谚语和谜语，用以反映古代马来人朴素的哲学观点。在这些

1. 袁维学参赞在向菲律宾朋友介绍中国书法
2. 2004年，袁维学参赞与马尼拉市长共同为菲中文化节举行开幕典礼

文学作品中，较为著名的有古代伊富高人留传下来的叙事诗《阿丽古荣》与史诗《呼得呼得和阿里姆》《邦都地区的狩猎歌》《孤儿之歌》等，还有棉兰老玛拉瑙人留传下来的《达兰干》、伊洛干诺人留传下来的史诗《拉姆安格的生活》以及古代民间故事《麻雀与小虾》《安哥传》《世界的起源》等。这种口传文学至今还在民间广为流传，对菲律宾的后世文学产生了重要的影响。早期的书面文学遭到了西班牙殖民主义者的摧残，所以保存下来的很少。主要有描写穆斯林世系的《萨耳西拉斯》；古代班乃岛纪年史《马拉塔斯》，描述了婆罗洲的大督们在普蒂大督的领导下来到班乃岛的故事。除此之外，还有在1250年颁布的《马拉塔斯法典》和1433年颁布的《卡兰蒂雅奥法典》。

19世纪上半叶，菲律宾著名的他加禄语诗人弗朗西斯科·巴

尔塔萨尔在狱中创作了《弗罗兰第和罗拉》。这首长诗采用骑士诗歌的形式，以反抗异族侵略，抨击民族叛徒和歌颂爱情、自由为主题，被誉为菲律宾近代文学史上的第一篇杰作。长诗优美流畅、深沉忧伤、讽刺辛辣、语言生动，富有深刻的社会意义，引起菲律宾人民的强烈共鸣。巴尔塔萨尔也因此被人誉为"菲律宾人的诗王"。

19世纪末叶，菲律宾杰出的民族诗人和作家何塞·黎刹的作品深刻地渗透着反抗殖民者统治、为争取民族独立而斗争的爱国主义基调，对促进菲律宾人民的民族觉醒和奋斗起了很大作用。1887年，黎刹在柏林发表的反殖民主义的长篇小说《不许犯我》和在1891年发表的《起义者》，揭露了殖民主义者神权统治和天主教修道院神父的残忍与伪善，描绘了菲律宾人民受压迫、受剥

2004年，袁维学参赞与马尼拉市长共同为菲中文化节举行开幕典礼

削的悲惨生活图景，表现了菲律宾人民的觉醒和抗争，影响广泛，促进了独立运动的发展。鲁迅先生曾给予《起义者》很高的评价。在这一时期，较有名气的诗人还有何塞·帕尔马，他一生中创作了不少题材广泛、感情丰富的诗篇，主要代表作有《菲律宾诺斯》《深信》等。

1898年，菲律宾沦为美国殖民地，英语逐渐代替西班牙语被广泛使用，因而出现了不少用英文创作的著名小说。它们继承了菲律宾民族文学的传统，具有强烈的吸引力。英文作品的发展经历了三个阶段：第一阶段为1908—1924年，被称为"模仿时期"。作者多为大学生，创作方式大多为模仿美国的小说。这一时期内较著名的作家有佐伊罗和乔治。佐伊罗是第一个用英语写长篇小说的菲律宾作家，于1921年出版了爱情小说《忧伤之子》。乔治的小说有《发光的信号》等。第二阶段为1924—1935年，被称为"实验和独创时期"。这一时期内共涌现出两批作家。第一批作家的主要代表是克莱门西达·乔文·科莱科等。第二批都是青年作家，虽然他们受到欧洲文学的影响，但作品都具有浓厚的乡土色彩。第三阶段，从第二次世界大战爆发前夕到20世纪60年代，被称为"更伟大的独创时期"。这一时期内出现了一批青年作家，当时文学运动的主流仍然是创作爱国的民族主义文学，作品多数以宣扬热爱家乡、热爱民主与自由、歌颂纯洁的爱情、反对异族侵略等为主题。近年来，菲律宾政府提倡发展菲律宾语文学，并采取了一些鼓励措施，菲律宾语文学事业取得了一些进展，但其水平还远不如英语文学。

　　菲律宾的现代绘画艺术风格多样,存在着多种流派,如路斯抽象派、贺雅抽象表现主义、新写实主义和写实主义等。菲律宾较著名的现代画家有维森特、费尔南多、阿西斯和洛伦佐等。维森特是一位精通多种绘画艺术手法的大师。他的画深刻描绘了菲律宾普通村民的各种劳动场面。为了表彰他在绘画和现代美术方面所取得的成就和作出的贡献,菲律宾政府在他逝世后授予他"民族画家"称号。费尔南多是著名的抽象派画家,他的作品反映了菲律宾群岛的美学价值和多彩的人民生活,在菲律宾文化中心的艺术剧场的帷幕上,悬挂着他的一幅杰作《创世纪》。

　　菲律宾人素以能歌善舞著称。全国几十个民族都有自己风格独特的民族音乐和舞蹈。西班牙殖民主义者入侵以后,西班牙的音乐和舞蹈也随之传入吕宋平原、米沙鄢群岛和沿海地区。因此,当地的民族音乐和舞蹈受西班牙音乐、舞蹈的影响颇深,但后来又逐渐回归并突出了菲律宾民族的特色,进而菲律宾本土化,成为广大菲律宾人民乐于接受的民间乐曲。20世纪以后,由于美国的入侵,这些地区的音乐和舞蹈又受到美国的影响,西方的轻音乐和交际舞广为流行。菲律宾独立后,政府为了弘扬民族文化,鼓励提倡民间艺术,决定从1973年起,于每年7月在菲律宾民间艺术剧场举行一次"菲律宾民间艺术节",各省市、各地区都会派出文艺演出队,汇集到首都马尼拉,参加演出比赛。

华侨义山

马尼拉的"华侨义山"可谓一处独特的景观。之所以说它独特，是因为它是一座"死人的城市"，即华人公墓。

马尼拉的"华侨义山"位于马尼拉市与加洛干市的交界处，占地面积52.67万平方米，区域周长3300.83米。它共有5个门，即南门、中门和北门以及毗连天主教墓园的旁门和毗连菲律宾人北义山的旁门。

华侨义山是历史发展的产物。在西班牙殖民统治时期，马尼拉流行瘟疫，非天主教徒的华侨在死后不被允许安葬于天主教徒公墓，马尼拉华侨遂产生了单独开辟华侨义山之想法。1870年，华侨地方领袖林旺购地捐赠为义山之用。1877年，菲律宾中华总会善举公所成立，负责管理华侨义山。1878年，华侨地方领袖杨尊亲在原有义山的基础上，又添购地皮，增辟坟场，建筑崇福堂，作为追悼奠祭之用。

华侨义山俨然是"城中之城"。此城被称为"佳城"（死人城）。"佳城"四周筑有高墙，里面宽阔的水泥马路纵横交错，四通八达，可供车辆穿行，并置有路标：林旺路、尊亲路、林合路等等，这些道路多以已故菲华著名侨领的名字命名。富豪的墓屋宛如一座完整的别墅，有楼房、门窗，甚至阳台，在墓屋，大厅地面的正中央安放着用大理石砌成的棺椁，灵柩放入其中后被密封起来。屋前门框的楹联上都写着华人悼念死者的传统辞句，门额上镌刻着衍脉籍地等，可清楚地识别死者的姓氏、名号及祖籍地。

华侨义山可谓世界墓园建筑的荟萃之地。有金碧辉煌、古色古香的宫殿式建筑，有装饰着天使塑像、十字架的教堂式建筑，还有古庙式建筑等，建筑风格丰富多样。

每逢清明节和11月1日的万圣节，华侨义山内就会车水马龙，人山人海。人们扶老携幼，从四面八方来带果品、香烛、纸钱等，为亡人扫墓，聊寄哀思。入夜烛光与灯光争相辉映，人们在墓园中聚餐、过夜以表示对死者的深切怀念。

马尼拉的华人并非都是富豪，可分为上、中、下三个等级。这种阶级层次的区别也会明显地体现在"佳城"中：富裕华人在世时，住着豪宅，到了"佳城"仍然排场十足，安眠于富丽堂皇的两层或三层墓屋中；中产华人去世后安葬于单层墓屋或较讲究的平地墓穴；家境较差者，死后安葬于简陋的平地墓穴；贫穷华人死后，其遗骸或骨灰安放于公德堂的壁墩中或者同乡会、宗亲会的公坟义冢以及免费墓地之中。

华侨义山的一侧是菲律宾人的北义山。从菲律宾人的公墓上也可看出贫富的悬殊，但绝大多数墓地都建得比较简陋。这些墓地不带有种族色彩，是开放性的，任何种族和民族的人都可以安葬于此。

华侨义山的另一侧是菲律宾平民的住房。站在义山高处，即可看到一幢幢低矮简陋的房屋。相比之下，死人的墓屋比活人的住房豪华许多，形成了强烈的反差。

第九章 热情奔放：菲律宾

中菲友谊

菲律宾与中国东南部隔海相望，是一水之隔的近邻。两国人民有着亲戚般的传统友谊。中菲两国的友好交往，可以追溯到遥远的古代。大约在我国的东汉、三国时期，中菲两国人民就开始友好来往。唐宋时期，中菲两国的贸易往来和文化交流已颇为频繁。在菲律宾的许多地方都曾发掘出大量中国文物。在菲律宾班嘉诗兰省发现的唐代古钱币、在宿务岛发现的唐式陶瓷、在苏禄群岛发现的晚唐陶器，以及在八打雁和内湖省出土的许多中国古瓷片，都足以证明中菲两国的友谊源远流长。在菲律宾还曾发现过葬于唐高宗时期（公元7世纪中叶）的中国古墓。吕宋岛仁牙因海湾博利瑙角的地下，埋藏着大量中国古瓷器。我国的元代和明代，是中菲两国交流最为频繁的历史时期，船舶往来增多，跨国贸易进一步扩大，中国商人的足迹遍及吕宋等主要岛屿。福建南部的泉州，在当时是世界著名的港口之一，是菲律宾商人前来进行贸易活动的主要港口。

菲律宾王分别于1372年和1405年遣使来中国通好，受到礼遇。明太祖也曾派遣友好使节访问菲律宾。苏禄岛（今菲律宾苏禄群岛）的东王、西王、峒王于1417年率领340余人访问中国。访问期间，东王巴图噶·巴达剌在山东德州病逝。明朝永乐皇帝将其厚葬，为其建墓立碑，并亲作碑文。此事在中国史书中有记载，并且该墓碑至今保存完好，东王后裔至今仍居德州。此后，苏禄诸王和吕宋等国多次遣使同中国修好。公元 15 世纪，大航海家郑和多次率领庞大船队到亚洲各国进行贸易活动和友好文化交流，途中曾经三次派出使节访问菲律宾的仁牙因、马尼拉、民都洛和苏禄等地。至公元 16 世纪后半叶，每年有几十艘中国船只，到菲律宾开展贸易。

很早时期就有中国人到菲律宾定居。到了唐宋两代，移居菲律宾的中国人逐渐增多。特别是福建、广东居民陆续扬帆过海，侨居于菲律宾的沿海地区。到了明代，华侨已逐步深入菲律宾的内地定居。他们同菲律宾人民生活和劳动在一起，世代和睦相处，建立了深厚的情谊。

文莱国花星果木晨起
約畹為生寫之 庚子金秋 何水法

星果木 文莱国花

第十章
和平之邦：

文 莱
BRUNEI

中国前驻文莱特命全权大使

闵永年

文莱的全名是"文莱达鲁萨兰国",意思是"和平之邦"。文莱国土面积不大,但却是一块风水宝地。那里没有诸如台风、地震、海啸等自然灾害,人民安居乐业,祥和安泰。

文莱地处东南亚,位于加里曼丹岛的西北部,东南西三面与马来西亚的砂拉越州接壤,北濒南海,海岸线长约 162 公里,国土面积约 5765 平方公里,人口约 45 万人,以马来族为主体民族。文莱首都斯里巴加湾市,是全国的政治、文化、商业和宗教中心。

文莱全国分为 4 个区,最发达的是首都所在地文莱—摩拉区;其次是南部的马来奕区,马来奕区是石油城,文莱的石油、天然气开采及生产大部分都在这个区;欠发达的是东部的淡布隆区,那里尚未得到有效开发,但这个区蕴藏着极其丰富的森林和旅游资源;都东区有文莱最大的胡泊,因白色沙滩和内陆沼泽而闻名。

文莱经济

文莱的经济结构相对比较单一,经济收入主要依靠石油和天然气产业,文莱是东南亚主要产油国、世界主要液化天然气生产国。

为摆脱单一经济结构的束缚,文莱政府自 20 世纪末起就制定了经济多元化发展计划,比如大力发展油气下游产业、伊斯兰金融及清真产业、物流与通信科技产业、旅游业;推动基础设施建设;加大对农业的投入;积极吸引外资,鼓励国内外商人到文莱投资兴业等。这些举措都取得了可喜的成果。2016 年,文莱政府进行一系列改革，新设一站式服务平台，优化缩减各项行政审批、决策流程，新成立"达鲁萨兰企业"，并设立外国直接投资行动与支持中心，为外国投资者提供更全面、快捷的服务。

文莱王室

文莱王朝延续至今已有600余年历史。"苏丹"称号来源于阿拉伯语，被认为是"伊斯兰大家庭之父，一国之君，王室之首和政府首脑"。第一世苏丹于公元1414年即位，历代苏丹通过家族世袭产生，一般在前世苏丹过世后，由其长子继位。现任文莱苏丹是第29世哈吉·哈桑纳尔·博尔基亚·穆伊扎丁·瓦达乌拉。

现任苏丹非常亲民，每逢国庆节和他的生日，他都会拨专款，用以举办庆典活动，并开放王宫供国人参观。苏丹与王后并肩站在王宫内欢迎大家并与大家一一握手。每位国民离开王宫时，还会领到一个苏丹赐予的小红包。

中文关系

中国与文莱有着长期友好交往的历史。早在中国西汉时期，两国就建立了贸易关系。唐代，两国政府间开始正式交往。自宋代以后，两国官方和民间商业、文化往来日益频繁，并开始载入中国正史。在元代史籍中，文莱被称为"渤泥"，而到了明代，两国间的友好关系更是发展到了高峰。

有文献记载，1408年，年仅28岁的渤泥国王携王妃、家眷及官员等150人到中国访问，他们抵达福建后，明成祖立即派官员前往迎接，并命令国王一行人所到之处都要设宴招待。当年8月末，渤泥国王一行人到达明朝都城南京，受到明成祖热烈欢迎。9月，渤泥国王不幸得病，明成祖即令御医精心治疗调理，并天天派人探望。渤泥国王感激万分。当他知悉自己病情危重，来日不多时，遂嘱咐妻子，世世代代不能忘记与中国的友好情谊。10月，渤泥国王不幸病逝。根据他"体魄托葬中华"的遗嘱，明成祖以王礼将他厚葬于南京安德门外石子岗（今雨花台区铁心桥乡东向花村乌龟山），并派人为他守墓，每年春秋两季，由专人祭扫。

1949年后，南京市对渤泥国王墓进行修复。2006年，文莱苏丹哈吉·哈桑纳尔·博尔基亚的长妹玛斯娜公主拜谒了渤泥国王墓，并为刚刚建成的"中国—文莱友谊馆"揭牌。2010年，南京市与文莱斯里巴加湾市建立友好城市关系。

1984年，文莱取得独立后，中文关系开启了新的历程。1991年9月，两国建立大使级外交关系。建交以来，两国关系持续稳定发展。正如习近平主席于2017年在北京会见苏丹时指出的，中文两国是隔海相望的近邻，也是相互信赖的朋友和伙伴。目前，中文建立了战略合作伙伴关系，政治互信不断深化，互利合作成效显著。

文莱王室和政府非常重视对华关系，王室主要成员均多次访华或来华参会。我在驻文莱大使任期内，切身感受到了文莱王室和政

第十章　和平之邦：文莱

府在与中方各层级接触以及接待中方代表团时所流露出的友好姿态和亲密情感，也感受到了文莱希望与中国实现互利共赢的强烈意愿。

在文莱过春节

华人是文莱第二大民族，共有4万多人，约占全国总人口的10%。文莱的华侨华人祖籍多为闽、粤两地，其中闽籍华人约占80%，主要为大、小金门人的后裔；粤籍华人约占18%，主要是客家人和潮州人后裔；海南籍华人约占2%。

文莱商场内琳琅满目的年货

文莱华人大多从事餐饮娱乐等服务性行业,现有的几个大超市、商场、车行基本都是由华人经营的。但文莱政府实行马来人优先的经济政策,文莱市场狭小,在一定程度上限制了华人经济的发展,但华人的生活还是十分富足的。

文莱虽是穆斯林国家,但中国传统节日春节也是其法定假日之一。春节当天文莱全国放假一天,大街小巷都非常热闹,欢乐气氛不亚于中国。节前,各大购物中心和商场都会为顾客准备充足的年货,与国内无异。大型商场内,各色彩灯交相辉映,红灯笼高高悬挂着,迎新年、贺新春的中文歌曲循环播放,随处可见印有"恭喜发财""大吉大利"等的年画或对联,到处都是采购年货的人,除了华人华侨,当地的马来人也扶老携幼到商场和超市内选购中国年货。

除夕之夜,首都斯里巴加湾市到处张灯结彩,鞭炮齐鸣,打破城市昔日的宁静,绚丽的礼花照亮清澈的夜空。在使馆里过大年也是非常热闹的,大年三十晚上,馆员们会在大使官邸聚会,包饺子,看春晚,猜灯谜。当新年午夜的钟声响起时,大家会一窝蜂地涌进院子里,点燃礼花和鞭炮。我当时还担心这么大的动静会不会影响到邻居休息。在使馆工作的马来朋友告诉我,不用担心,附近的邻居们正快乐地接受来自中国大使馆的新年祝福呢。

大年初一,按文莱规定,全国放假一天,最开心的就是学校的孩子们了,他们不仅不用去上学,还可以从长辈那儿收到数量不菲的压岁钱。不少华人官员和社会贤达则会在一大清早就敞开家门,恭候前来拜年的宾客。红红的灯笼在晨风中摇曳,五彩的年画映着朝霞,显得格外喜庆。人们不分民族,男女老少,成群结队,穿着中国风格的唐装或马来传统礼服,相互拜年,"新年快乐""恭喜发财"的恭贺声不绝于耳。当地华人社团、华校组织的龙狮团,每到一地便敲锣打鼓,龙舞狮腾,拜年行礼,给家家户户送去欢乐和吉祥。我和使馆的主要官员每年都会安排时间到当地华人领袖、社会贤达府邸登门拜年,带去中国人民对海外华人同胞的亲切问候和新年祝福,感谢文莱社会各界对中国和中国驻文莱大使馆的支持。

在文莱过春节,最有特色的就是开门迎宾了。春节时,华人家庭会打开门户,欢迎左邻右舍、亲朋好友登门贺年,互致问候。主人会提供流水席般的美食,当然,少不了象征"大吉大利"的柑桔,客人们都会尝一下,或者拿几个回家,讨个吉利。春节时,无论相识还是不相识的人,都可以到华人家里做客,热闹一番,有的人一天会跑好几家。主人一般都会给小孩子压岁钱,但是给马来族小孩的压岁钱是用绿色的纸包着的,所以不叫"红包"而叫"绿包"。这种开门迎宾的做法原本是马来人庆祝开斋节的传统习俗。后来,文莱的华人借鉴了这套习俗,在中国农历新年时用以回馈马来族朋友。

使馆也不例外,按惯例,大使每年都会在官邸举办开门迎宾的活动。使馆的同事们到商店精心挑选桃枝、蜡梅、对联和彩带,把官邸装扮得既喜庆又温馨,大家满怀喜悦地迎候嘉宾。文莱王室的玛斯娜公主和丈夫每年都会来官邸拜年。此外,文莱政府、军方官员，华人华侨代表，各国驻文莱使节及社会各界友好人士等也会前来致贺，共同祝福中文两国和平稳定、繁荣昌盛，人民安居乐业、幸福安康。

当地华人社团在国际会议中心联合举办"新春千人大团拜"活动，文莱苏丹和王室主要成员及文莱立法会、政府、军队高官，外国使节也会应邀出席，共同欢度新春佳节。文莱华人社团举办的新春大团拜活动始于2006年，旨在展示华人社会与苏丹及皇室成员的情谊，加强华人社团之间的联系。

建筑奇观

腾云殿，原名腾云寺，每逢初一、十五或者佛教节日，文莱的华人华侨都会到这里进香礼佛，祈求佛祖保佑自己和家人朋友平安。农历新年的初一、初二，文莱的华人社团会竞相到腾云殿前舞龙舞狮，吸引众多当地民众和外国游客驻足观看、拍照留念。

腾云殿的规模不大，位于文莱首都最繁华的地段，自其建成之日算起，距今已有百余年历史。整座寺庙以红色为主调，其对称格局和祥云图案等元素充分体现出佛教特色。据记载，该庙宇始建于1918年，于次年建成。第二次世界大战期间，腾云殿遭炮弹袭击，四周被炸弹夷为平地，但庙宇的主体建筑没有受到太大的破坏。文莱全境善男信女慷慨捐款，1953年，腾云殿得以在原址上重建，重建后的腾云殿规模更大，气势更宏伟。

文莱有很多清真寺，以赛福鼎清真寺和博尔基亚清真寺最为著名。赛福鼎清真寺建于1958年，为纪念第28任苏丹奥马尔·阿里·赛福鼎的执政功绩而建，并以其名字命名，是文莱首都的象征。整座清真寺采用世界上最好的建材，内部的大理石地面来自意大利，吊灯和有色玻璃来自英国，地毯来自沙特，其闪闪发光的金顶共用330万块金片镶成。在36个金顶中，最大的一个就消耗了45公斤纯金。赛福鼎清真寺三面环绕着湖水，建筑外观为乳白色，以水为饰，以光为妆，以影为镜，如同悬立在河面之上，在阳光的倒影下，美得让人心悸。

博尔基亚清真寺是文莱最大的清真寺，由现任苏丹哈桑纳尔·博

28任苏丹赛福鼎清真寺

尔基亚个人捐资修建，并于1994年正式向国民开放。该寺规模宏大，由主体结构和四个尖顶圆塔组成，主体的拱顶与四周的圆顶均用黄金制成。远远望去，清真寺金光闪烁，气势恢弘，雍容典雅。寺内建有两个祈祷大厅，供男女信徒分开使用。祈祷厅内配有多个大型电子屏幕，保证每位信徒都可以清楚地看到阿訇的影像。文莱的清真寺均可免费供游客参观。游客在参观时必须摘帽脱鞋，并换上寺内专门为参观者准备的黑色长袍。

文莱还有很多值得去的地方，比如努鲁尔·伊曼王宫，是现任苏丹的住所，据称是当今世界上仍在使用的最大、最现代化的王宫。王宫位于文莱河畔，三面环水，正面是迎宾大道，居高临下，站在王宫院内可以鸟瞰斯里巴加湾市。

王宫的全部建筑材料都是从英国、美国、丹麦、法国、意大利等30多个国家进口的。室内装潢极其讲究，精雕细琢，金碧辉煌。所有家具，包括桌椅沙发的扶手和靠背都采用了不同程度的包金和烫金工艺，就连地毯都穿织着金线，陈设和装饰品中更不乏珠宝玉器、巨钻名画等稀世珍品。有人形容王宫是用金子堆起来的，这不算夸张。

王室礼仪陈列馆也同样值得一看，它坐落在首都斯里巴加湾市中心苏丹街上，是一座具有浓郁的伊斯兰风格的双层白色建筑，其前身为丘吉尔纪念馆。1992年4月，为庆祝现任苏丹博尔基亚登基25周年，纪念馆被改建为王室礼仪陈列馆，旨在通过展览的形式让臣民了解王室礼仪的庄严和神圣。王室礼仪陈列馆现已成为文莱王室博物馆，是文莱著名的旅游景点之一。陈列馆内的展品被划分为四个主题，分别为王室礼仪、苏丹登基纪念、宪法发展与历史、王室历史和御用物品。

帝国饭店是文莱最有名的酒店，始建于1988年。整个酒店的装饰以白色和金色为主调，大楼主堂高达40米，支撑主堂的四根巨型大理石柱犹如擎天立柱，无论仰视或俯视，都显得十分壮观，并且全部用黄金打造。墙壁、立柱及天花板上的雕刻也都是由金子做成，闪闪发光，富丽堂皇。帝国饭店用金量如此巨大，却并没有给人以奢华流俗之感，反而展现出高贵的艺术生命力，成为一种极致的美的化身。

文莱还有一个特别著名的水村。文莱人常常这样说：没有去过水村，就等于没有到过文莱。位于斯里巴加湾市内的水村面积约为2.6平方公里，居住着近3万人，距今已有400多年的历史，是世界上最大的传统水上村庄。过去，水村的房子都建在水中的木桩上，非常简陋，这是穷苦渔民为了生存而想出来的法子。现在，房子一般都建在水中的水泥桩上，用的是优质建材，房内设施非常现代化，应有尽有。在房屋之间建有用木板拼接成的人行道，路路相通，户户相连，行走起来非常便捷。电力、自来水、天然气等基础设施相当完备，也有专门的管道用以处理和分流垃圾、污水，整个住宅的格局与陆地无异。水村内建有学校、清真寺、警察局等，陆地上有的，水村里都有，不仅保留着历史的痕迹，更充满着现代化的气息。

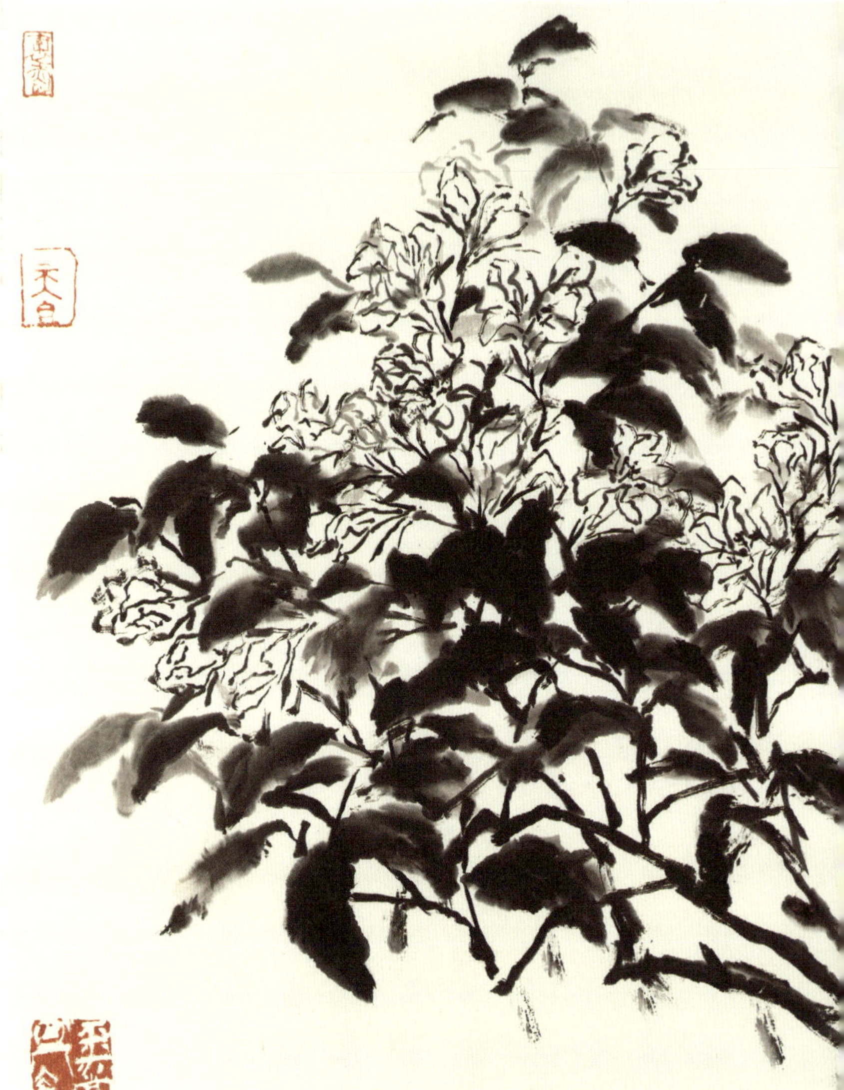

天赋俏姿逞芳华 典雅欣作
东帝汶之国花 辛丑麒春於
……

东帝汶国花
茉莉花

第十一章
鳄鱼之岛：东帝汶

东 帝 汶
TIMOR-LESTE

中国前驻东帝汶特命全权大使

傅元聪

鳄鱼报恩的美丽传说

东帝汶国土面积为1.4万多平方公里，比北京市的面积还小，人口为100多万。东帝汶地处赤道线附近，属热带国家，其主体是帝汶岛的东半部分，帝汶岛位于印尼与澳大利亚之间，形状像一条鳄鱼。当地流传着一个美丽的传说：很久以前，一个男孩救了一条陷入泥沼的鳄鱼，把它放归大海，鳄鱼虽饥饿难耐，但还是克制住了吃人的欲望。后来，鳄鱼带着男孩去旅行，他们一起经历了许多冒险故事，鳄鱼临死前告诉男孩说，自己的躯体会变成一座岛屿，男孩和他的子孙都可以到岛上生活。这个岛就是帝汶岛，而男孩的子孙后代继承了他善良、友好和正义的美德，在岛上繁衍生息。直到今天，东帝汶人依然把鳄鱼称作"爷爷"，每当过河时都会大喊："鳄鱼，我是您的孙子，不要吃我！"

过去与新生

16世纪初，帝汶岛被葡萄牙最先发现和殖民，之后遭到荷兰人的入侵，随后也曾被英国人殖民，不过主要是荷兰和葡萄牙两国在争夺东帝汶的控制权。1859年，葡、荷签订条约，重新瓜分帝汶岛，帝汶岛东部及欧库西归葡萄牙统治，西部并入荷属东印度（今印尼）。欧库西地区就是葡萄牙人在东帝汶最早登陆、经营的地方，现在成了东帝汶的一块飞地。二战期间，日本也曾入侵并占领过东帝汶。战后，东帝汶重归葡萄牙统治。一直到 1974 年，葡萄牙国内爆发革命，推翻了独裁政府；1975 年，葡政府允许东帝汶举行公民投票，实行民族自决。1975 年 11 月 28 日，主张独立的东帝汶独立革命阵线单方面宣布东帝汶独立，成立东帝汶民主共和国。同年 12 月，印尼出兵东帝汶，并于 1976 年宣布东帝汶为印尼的第 27 个省。1998 年，印尼政府最终同意东帝汶通过全民公决选择脱离印尼。1999 年，东帝汶正式独立。2002 年，东帝汶民主共和国正式成立，成为本世纪第一个新生国家。

政治和文明

东帝汶在政治上实行三权分立制度，但也有自己的特点。经过长期争取民族独立斗争的洗礼，具有丰富领导经验的几位元老领袖被推举担任总统、总理、议长、外长等要职。这批人中有的在西方接受过高等教育，又以不同的方式参与了争取民族独立的斗争，既具有一定的国际视野，又具有丰富的实践领导经验，能力较强，在民众中享有崇高威望。多年来，这批人一直在东帝汶政坛独领风骚，中生代以下的年轻精英尚不能与他们比肩。

东帝汶国内通用 4 种语言，德顿语（通用语及主要民族语言）和葡萄牙语为官方语言，印尼语和英语为工作语言，不过，现在与东帝汶人交往使用英语更方便。东帝汶人的受教育程度较低，但普遍具有语言天赋，一般都会两种以上的语言，在当地工作时聘用的司机就会 4 种语言。多种语言通行，也给东帝汶的发展带来麻烦，比如在东帝汶建国初期，举办一些大型演讲时，就有人戴着耳机听同声传译的现象，这在世界上实属罕见。

东帝汶人是马来人和巴布亚人的后裔，他们肤色偏黑、体型瘦小，但五官线条分明。东帝汶的民俗文化主要源于葡萄牙殖民者留下的天主教传统文化，东帝汶 90% 以上的人口信奉天主教。每到周末，当地人总是穿着干净整齐地去教堂做礼拜。

东帝汶青年男女

东帝汶命运多舛，经历了很多磨难，国民防范心理较强，民风既善良又彪悍，这么小的国家居然有 1000 多家武馆，都在传授当地传统武术。成龙曾去东帝汶访问，大受当地人欢迎。在笔者看来，这是因为东帝汶的教育比较落后，客观上需要有这样的社团组织存在，以代替民众教育，同时也能丰富社会生活。

贫穷与希望交织

东帝汶经济发展落后，产业结构失衡，严重依赖油气收入和外国援助。经济主要依靠帝汶海里的油气资源，目前由澳大利亚负责开采和经营，大部分收益归东帝汶所有。为了有效地使用石油收入，东帝汶政府颁布了《石油基金法》，成立了国家石油基金，由挪威专业团队帮助管理，严格控制基金使用，规定每年从石油开发的收

东帝汶传统民居

入中按固定比例拨款，用于财政支出，其余部分都被储存起来。迄今为止，这笔石油基金已滚存至可观的数目，为东帝汶社会经济发展奠定基础。除了油气资源之外，东帝汶的主要矿藏有金、锰、铬、锡、铜等。东帝汶工业基础薄弱，产品以纺织品和手工艺品为主，产值不大。工人往往缺乏训练，劳动力素质低下。

总的来说，东帝汶还很贫穷落后，被联合国列为全球最不发达国家之一。独立后，东帝汶历届政府都将减少贫困和增加就业作为施政重点，通过逐步增加财政预算，扩大公共支出，鼓励外来投资，拉动非油气产业的经济增长。总体上说，东帝汶的发展潜力较大，特别是旅游业。

星巴克咖啡的原产地

东帝汶虽属农业国，但农业生产规模很小，粮食不能自给。耕地面积约为2300平方公里，农业人口占总人口的71%，主要农作物为玉米、稻谷、薯类等，经济作物主要是咖啡、橡胶、椰子等。不过，椰子、橡胶的产量也不多，具有特色的产品是咖啡，主要用于供应星巴克公司。东帝汶曾号称"檀香之国"，但是由于历史上殖民者的乱砍滥伐，目前檀香木的资源几近枯竭。

东帝汶的气候、海拔都适合咖啡树的生长，在种植过程中又不施化肥，也没有农药污染，出产的咖啡品质不错，在世界上都小有名气，但年产量只有几万吨，也是东帝汶主要的出口产品。其中产于东帝汶首都帝力西南部埃尔梅拉地区的咖啡"罗巴斯塔",是优质的有机咖啡,被星巴克全球连锁咖啡店进行销售。另一种小粒的咖啡叫"阿拉比卡",具有多层次口味,包括烤无花果味、甜醋味和黑巧克力味,广受消费者青睐。虽然东帝汶生产咖啡的条件得天独厚,但由于缺乏鼓励性政策、资金投入和技术指导,咖啡生产一直不成规模,仍处于农民散户自发小规模种植状态。

目前,已有中国农业企业投资东帝汶的咖啡产业,从种植、收购、加工再到销售,初步形成一条龙、规模化的现代生产模式。东帝汶咖啡种植业具有广阔的投资合作空间。

潜力巨大的旅游业

东帝汶拥有众多山、湖、泉、海滩,自然风光优美,旅游资源丰富。东帝汶地处著名的太平洋珊瑚三角区,拥有世界上最具多样性的海洋生态系统,共计拥有 500 多种珊瑚、3000 多种鱼类,还拥有大片沿海红树林。海上观光和深潜是东帝汶重要的旅游项目,东帝汶北部海峡水深约 3000 米,水域温暖,形成良好的迁徙走廊,成千上万的海豚、鲸鱼以及各种海龟在这里休养生息。北部海峡旅游资源极佳,周边海域的珊瑚礁都保存得较为完好,可与澳大利亚大堡礁媲美。目前,东帝汶每年接待的外国游客数量较少,一是因为国际上只有新加坡、巴厘岛和达尔文三地与东帝汶实现了通航;二是东帝汶基础建设滞后,国内交通不便,首都帝力通向外地的道

1. 东帝汶风光
2. 东帝汶珊瑚礁

路也不畅；三是东帝汶的旅游设施落后，接待能力不足；四是缺乏旅游管理人才。如果能对以上几点加以改善，东帝汶的旅游业的发展潜力巨大。

华人华侨概况

相传，中国人早在 7 世纪便因寻找檀香木而涉足东帝汶。据文字记载，在 13 世纪的元朝时期，中国商人就到达了东帝汶。在东帝汶生活的华人数量曾高达 2 万多人。当地钱币上印有中国文字，这反映了历史上华人在当地经济活动中的分量，当然也是因为当时东帝汶的钱币是在澳门印制的。1975 年，东帝汶被印尼占领后，大批华人为了避难转移至澳大利亚的墨尔本，并在那里形成了自己的侨社组织。东帝汶建国后，有部分华人从澳大利亚返回东帝汶，谋求生存发展。东帝汶建国伊始，就有不少中国人来此投资创业。目前，在东帝汶的华人华侨有 2 万人左右，大都是来自福建的新侨民。东帝汶没有制造业，只有一些小作坊，工业品全部依赖进口，商业也不发达。华人一般都以做小生意为主，创业门槛低，义乌小商品在东帝汶也很受欢迎。

中国援建东帝汶情况

东帝汶基础设施落后。葡萄牙统治东帝汶的几百年间，基础设施建设乏善可陈，除了教堂，没有留下什么像样的建筑。印尼占领东帝汶后在当地建了一条环岛公路，但因年久失修，残破不全，坑坑洼洼，路况较差。东帝汶建国后，中国为东帝汶援建了总统府、外交部、国防部大楼，并且在建外交部大楼后又扩建了教学楼，供培训外交官使用。这些都成了当地的地标性建筑，一溜的红瓦顶，也给东帝汶增添了一道亮丽的风景线，无论是在飞机降落时还是在海上坐船时，乘客们都能看到那片美丽的红顶建筑。

总统府竣工并交付使用后，东帝汶总统把主大厅命名为"中华人民共和国厅"，为此我使馆又向其赠送了一批带有中国元素的工艺品和摆件，将主厅布置起来，使其更具有中国氛围。总统非常喜欢，经常在大厅举办大型活动，这里也成为当地政界、外交界和上流社会的重要活动场所。

中国援建的东帝汶外交部

除此之外，中国还在民生领域向东帝汶提供了大量援助：修建城市地下管道，改善城市卫生状况；派遣多批医疗队，救死扶伤，缓解当地缺医少药问题；长期派遣水稻专家组，帮助农民提高水稻产量，解决粮食自给问题；紧急提供多批量的大米援助，缓解市场供应紧张状况，助其维护社会稳定。

有一次，东帝汶市场上出现大米供应短缺危机。总理亲自出面求助，中国马上就近从东南亚国家采购了3000吨大米赠送对方，直接运送到东帝汶港口，以解其燃眉之急。东帝汶多山，山上气温比较低，总统提出想要5万条毛毯分发给下层民众，中国很快满足了对方的需求。中国总是能急人之所急，类似的事情做多了，东帝汶人自然对中国产生好感。他们认为，西方国家给予的援助同中国的不一样，往往口惠而实不至。相比之下，中国的援助是无条件的，实实在在的，是看得见摸得着的。所以，无论官方还是民间，东帝汶人民对中国都怀有发自内心的感激之情。

两国间的友好交往

中国与东帝汶交往的历史悠久，传统友好关系源远流长。两国之间既无领土也无领海纷争，更没有历史遗留问题。自20世纪70年代起，中国就支持东帝汶摆脱葡萄牙的殖民统治、开展争取民族独立的正义事业。21世纪初，中国继续支持东帝汶脱离印尼的占领争取民族自决的斗争。东帝汶建国后，中国是第一个同其建交的

1. 东帝汶总理夏纳纳参加我援东水稻收割仪式
2. 东帝汶奥尔塔总统在中国援建的总统府内为我维和警队授勋

第十一章 鳄鱼之岛：东帝汶

1. 中国援建的总统府落成仪式
2. 东帝汶夏纳纳总理接见中国援东医疗队的成员

国家。建交后，两国友好关系得到了长足发展，中国为东帝汶的重建及经济复苏提供了大量卓有成效的支持和援助，受到东帝汶政府和人民的广泛欢迎和赞誉。同时，中国在许多重大国际问题上和国际组织竞选中也经常得到东帝汶的宝贵支持。2008年汶川发生地震时，东帝汶慷慨解囊，捐赠资金支持中方抗震救灾，充分体现了东帝汶政府和人民对中国的感激之情，以及两国之间的深厚友谊。中方在与东帝汶的交往中，始终秉持互不干涉内政、互相尊重、大小国家一律平等的原则，堪称典范。

2011年，第十一届全国政协副主席、澳门特别行政区行政长官何厚铧访问东帝汶，东方热情接待。这既体现了东帝汶政府对何先生的尊重，也反映了东帝汶与中国澳门之间的特殊历史渊源。总统顾问和一些东帝汶议员都曾在中国澳门学习和生活了很多年，东帝汶建国后，他们才回到祖国。澳门对东帝汶的重建和经济发展提供了多方面的支持与帮助。东帝汶距离中国澳门较近，同在亚洲，澳门在东帝汶人民的心中具有特殊的地位，相对于欧美，东帝汶人更愿意到中国澳门学习、交流、旅游、度假。

对外交往之道

在东帝汶做了一任大使，我的体会是：对东帝汶这样的小国，应始终贯彻"大小国家一律平等"的外交政策，避免居高临下、以大视小，应谦虚、平等地与之交往，这样自然就会得到对方的尊重和爱戴,为发展双边友好合作关系创造条件。东帝汶的面积和人口,只相当于中国一个县的体量。但麻雀虽小,五脏俱全,再小也是个主权国家。国家无论大小,各有各的长处,东帝汶国小力弱,长期被多国殖民,饱受外来欺凌,国民自尊心极强。东帝汶独立后地处大国的包围之中,自有独特的生存之道。所以我们在与之交往的过程中,要力戒大国沙文主义,要尽可能站在对方的角度,体谅对方的难处,尊重对方选择。

任期内,我和东帝汶的总统、总理、议长、外长等几个主要领导人密切交往,与他们建立了良好的工作关系,结下了深厚的友谊。通过与他们的交往,我体会到:一是要尊重对方,体现大小国家一律平等。我们强大了,也常给予对方援助,但切忌以施舍者自居。能获得他人特别是大国的尊重,对东帝汶这样国家的领导人来讲尤为重要。二是要真诚,以心换心。交往中,真诚的态度至关重要,真诚待人,久而久之,就能交到真诚的朋友,获得真正的友谊。三是要真干,要多办实事。在跟他们私下交往时应少用外交辞令,多讲实话,多办实事,说到做到,忌开空头支票。例如,东帝汶总统两次因私去中国香港,我针对他喜欢结交朋友和关心国际事务的特点,两次主动联系外交部驻港特派员公署,为其提供入境便利,并请特派员与他会面设宴款待,令他非常感动,这些也成为他难以忘怀的经历。

时任东帝汶总统奥尔塔是诺贝尔和平奖得主,在国际上具有一定知名度,在国内享有崇高威望。他对国际事务具有较深入的了解和研究，对华态度友好，他以说话直爽的风格而著称。外交工作说到底是做人的工作，针对奥尔塔健谈的特点，我和他交往中，经常就国际问题甚至敏感话题交流看法，有时还会就一些重大问题征询他的意见，有时会站在他的角度给他提建议，让他感受到对他的敬重和真诚，这加深了我们之间的友谊与信任。奥尔塔总统还多次主动出席中国使馆举办的国庆和春节招待会，体现了对华友好态度。

我离任时，奥尔塔总统在中国援建的总统府内举行隆重仪式，为我颁发"东帝汶荣誉勋章"，以表彰我在任期间为推动双边关系发展所作出的贡献。这对我来说是一种殊荣，因为不是所有国家的大使都有如此的待遇。回国时，奥尔塔总统亲自到机场为我送行。告别时他意味深长地说，东帝汶元首没有去机场为外国大使送行的

傅元聪大使与奥尔塔总统合影

先例。他之所以给予我这份特殊礼遇，是因为他觉得我这个中国大使比较实在，是办实事的人。

外交工作随感

外交人员是不穿军装的战士，外交工作的需要就是个人的意愿，我一生都在践行这一准则。在东帝汶的外交实践令我收获满满，也非常自豪。外交工作并非世人想象的总是西装革履，很多时候都要与疾病肆虐甚至枪林弹雨的恶劣环境相伴。个人尽管没有选择的自由，却能选择以何种态度面对工作。

在东帝汶的外交工作使我深刻体会到，不管驻在国的环境如何恶劣，条件如何艰苦，对驻在国大使而言，必须心中始终怀有外交全局。要保持乐观向上的精神状态，发挥主观能动性，满腔热情地投入外交工作中。要力争缩小不利条件和消极因素产生带来的负面影响，扩大有利条件和积极因素的正面作用，努力开拓局面。这样，你的内心就会很充实，就会很有成就感。在我看来，无论身处多大的外交舞台，都可以发挥聪明才智，创造辉煌的业绩，谱写精彩的人生。我在这个岗位上学到了很多东西，丰富了人生阅历。

对青少年的寄语

青少年是祖国的未来，民族的希望，青少年强则国家强。当代青少年是幸福的一代,伴随着国家由弱变强的步伐茁壮成长。当你们成长为栋梁之材时,我们国家一定已经成为屹立于世界民族之林的强国,与世界各国的交往将更加频繁而密切。到那时,希望年轻一代能够继承我们老一辈始终坚持的"大小国家一律平等"的对外原则,继续发扬中华民族的优良传统,谦虚、平等地与东帝汶这样的小国友好相处,绝不以强凌弱、以大欺小,永远做小国、穷国人民爱戴的好朋友,脚踏实地为"人类命运共同体"作出自己的贡献。

辛丑夏写
朝鲜国花
金达莱
何水法

金达莱

朝鲜国花

第十二章
歌舞民族：

朝　鲜

Demoractic People's Republic of Korea

中国前驻泰国特命全权大使

宁赋魁

我在朝鲜待的时间比较长，连学习带工作共有 13 年。最初，我在北京语言学院接受了差不多一个月的培训，之后于 1973 年 4 月赴朝鲜，进入朝鲜最高学府金日成综合大学求学，慢慢开始了解这个国度。朝鲜是我们的近邻，从北京到平壤的火车路线也就 1300 公里，直线距离只有 900 公里。整个朝鲜半岛的面积为 22 万平方公里，朝鲜大一点，将近 12 万平方公里。半岛地势，北高南低，东高西低，三面环海，另外一面是长白山脉，朝鲜将其称为狼林山脉。朝鲜整体的面积虽然不大，但是地形复杂，所以有各种各样的自然风光，像梯田一样一层一层地分布在半岛北部。

如果去朝鲜旅游，有几个地方值得一去。首先是平壤。作为一个国家的首都，平壤能够反映出当前朝鲜的政治、经济、文化、社会发展的面貌。平壤是一个古都，周围也有不少古迹。

其次是开城，它是高丽古城和高丽文化的发源地，有上千年的历史。在过去，开城的别名是松都，因为那里生长着很多的松树。虽然由于战争破坏，现存的古迹不多了，但是依然有一些不错的景点。开城离板门店军事分界线的距离只有 8 公里。板门店原本是一个寂寂无闻的小村庄，后来因为成为朝鲜战争停战协定的签署地而声名大噪。在板门店，可以看到当年中朝两国与美国谈判时遗留的历史资料。谈判会议厅是在"三八线"的中间建成的，谈判或开会时，双方从各自一方的门进入，然后相对而坐。会议桌中间的麦克风线便是"三八线"，双方不可随意逾越。所以，去板门店旅游，既可以欣赏那里的自然风光，也能感受到半岛南北分裂的历史氛围。

历史遗迹和如今朝鲜民族分裂的真实现状交融在一起，会带给人们复杂的感受。

除了平壤、开城以外，还可以去金刚山看看。我认为它拥有整个朝鲜半岛最美丽、最值得一看的自然风光。离开朝鲜那么多年，我最念念不忘、最想再回去看一看的就是金刚山。它离平壤最多有280公里，临海，属于东部的高山。山下就是大海，风景旖旎。特别是到了秋天，漫山遍野都是五颜六色的枫叶，茂密森林展现出丰富的层次感，无论走到哪里，眼前都是一幅风景画。金刚山号称有"一万两千峰"，每座山峰都造型各异，有自己独特的美。九龙瀑布自上而下流入阶梯状的八潭水中。相传，这八潭水是因来自天上的八个仙女在此洗澡而得名。这八潭水的每一潭面积都很大，潭水碧绿如玉，非常好看。飞瀑深潭，松涛沙滩，非常美妙，所以金刚山被朝鲜人称为"蓬莱山"，可与蓬莱仙境相媲美。

从平壤去往金刚山，必须经过元山市。元山市位于江原道，那里的松树很多，有个著名的松涛园。从元山市通往金刚山的路途长约七八十公里，那就是一道沿海风景线，到处都是没有遭受污染的白沙滩，海水清澈，环境静谧。放眼远眺，一边是一望无垠的大海，一边是郁郁葱葱的山林，真是美不胜收。近年来，朝鲜党和政府制定了建设元山葛麻旅游区的规划，提出"要把元山葛麻海岸旅游区建成世上独一无二的朝鲜式海岸"。

妙香山，在平壤往北大概100多公里的地方，秋天里，那也是一个赏枫叶的好去处。山上有座寺庙，还有一个展出国际友人

1. 宁赋魁大使在朝鲜咸兴周恩来总理铜像前留影
2. 20 世纪 70 年代，宁赋魁大使在朝鲜留学期间与同宿生在一起
3. 宁赋魁大使在朝鲜留学期间参观当地农民家庭

历年赠送礼品的展览馆，值得一看。据朝鲜国家观光总局透露，2018 年国外游客赴朝人数超过 20 万人，2019 年超过 30 万人。进入 2020 年后因新冠疫情影响，国外游客赴朝旅游处在暂停状态。

除了风景名胜以外，朝鲜的艺术也很有特色。朝鲜的三池渊管弦乐团，在平昌冬奥会举办期间去韩国演出，引起轰动。韩国当地的老百姓争先恐后地去看演出，一票难求，听说还要抽签才能得到演出票。之所以出现这样的场面，并非只是因为韩国人对自己的同胞感觉新鲜或者神秘，在很大程度上，是因为他们都知道朝鲜的演唱、歌舞、乐器演奏的水平确实很高。

其实，在朝鲜，无论男女老少，人人都能歌善舞，这和朝鲜重视艺术教育有着很大的关系。一些人觉得朝鲜比较封闭，但从文化艺术方面看，朝鲜很能博采众长。建国之后，朝鲜政府重视文化艺术教育和人才培养，并且一以贯之，对文化艺术事业的投入起步很早。在平壤，中央一级的文化艺术院校就有十几所，培养了大量歌唱、舞蹈、影视、绘画等方面的人才。朝鲜下设9个道，相当于中国的省，每个道都有自己的艺术大学。道一级的艺术教育就比较专业一些，专注于某个领域。

在朝鲜，我曾多次参观过著名的平壤少年宫、平壤及外地的中小学并观看少年儿童的文艺演出，感到朝鲜的少年儿童在音乐、舞蹈和乐器演奏方面非常专业，具有很高的艺术天赋。这是因为朝鲜的艺术教育真正做到了从娃娃抓起，就连幼儿园的小朋友都能歌善舞。如今，朝鲜的艺术教育惠及了不同年龄段的孩子，小学开设艺术兴趣课，中学要组建自己的学校乐队，每逢国家举办庆祝活动时就要对外表演。在学校之外，全国各地的少年宫建设也做得比较好。朝鲜在这方面舍得投入，培养了各类艺术人才。朝鲜有很多高级艺术人才最早都出自少年宫。过去，中国代表团去朝鲜参观访问，少年宫都是一个必去的地方，而且一定要在那里看一场演出。

朝鲜有很多歌曲脍炙人口，甚至传唱到韩国。这或许是朝鲜民族的传统，他们的血液里流淌着艺术的天分，天生能歌善舞。只要一有机会，不管在哪里，他们都可以展示自己的艺术才华。逢年过节，朝鲜人都喜欢外出郊游。一家人带着吃的喝的来到公园，席地而坐，高兴起来马上就拉着手风琴，载歌载舞。在平壤市内的牡丹峰公园里，经常可以看到这样的场景。他们的着装都很漂亮，心态也非常乐观，幸福指数很高。

20世纪70年代，朝鲜的血海歌剧团到中国演出，曾引起不小的轰动。那时候，中国也引进了不少朝鲜电影，像《鲜花盛开的村庄》《摘苹果的时候》《看不见的战线》《无名英雄》等。朝鲜动漫电影制作水平也很高。他们有不少动漫人才，制作了大量的动漫电影。我当年在朝鲜学习的时候，为更好地掌握语言表达能力，也看了不少朝鲜动漫电影。据说，现在有些国外电影公司也请朝鲜的动漫专家参与制作。朝鲜的绘画作品也很有特色。一种是朝鲜画，一种是朝鲜油画，艺术水平都很高。

朝鲜的团体操非常有名，已经成为朝鲜的一张"文化名片"。朝鲜团体操通过以徒手运动、器材运动、队形和造型等为主的各种体育形象手段，显示精妙的体育技巧，把背景美术、音乐、唱歌、舞蹈动作等艺术手段和语言结合起来，显示出高度的艺术性。朝鲜的团体操历史悠久，展示朝鲜每个时期的发展现状，记录朝鲜几十年来的风雨沧桑，寄托朝鲜人民的热切盼望。比如大型团体操和艺术表演《阿里郎》，从其规模、形式、技巧、内容上看，堪称世界艺术表演史上的空前杰作。参加表演的有杰出艺术家、青年学生和小朋友，共10多万人，艺术展现了朝鲜民族如何经过艰难曲折，最终成为自己命运的主人。国内很多人看过团体操的录像就已经觉得很精彩了，如果身临现场肯定会感觉更加震撼。一些欧洲游客为了看一次朝鲜团体操表演，不远万里专程去朝鲜，并提前一年预订门票，其热度可见一斑。

中国和朝鲜是山水相连的近邻，两个国家应在文化方面进一步加强交流，以便让国内的观众看到更多优秀的朝鲜文艺作品，对朝鲜这个友邻有更多的了解。

我对朝鲜的饮食印象深刻。朝鲜半岛各地的饮食习惯都差不多，最有名的莫过于泡菜和冷面。我个人感觉，朝鲜的泡菜和冷面更适合我的口味。这其中的一个原因是朝鲜的泡菜里没有放入那么多肉、虾、鱼，口感更清淡一些，既不那么咸，也不那么辣，脆爽开胃。没人知道，朝鲜的泡菜到底有多少种。任何一种蔬菜，在朝鲜阿祖玛（"大婶"的意思）的手里都可以被做成不同口味的泡菜，而且都别具风味。去朝鲜一定要尝一尝他们的泡菜，当然还有他们的冷面。朝鲜冷面的制作工艺更加传统，原料、配料考究，讲求历史传承、原汁原味。在平壤，有一家做朝鲜冷面的老字号名叫玉流馆，名气很大。当然，平壤的烤肉也很有特点。

金达莱，也就是我们所说的杜鹃花，是朝鲜国花，在春季漫山遍野开放，十分漂亮。其实，还有一种金日成花，也很有特色。这是一种热带兰花，1965年4月，金日成访问印尼，时任印尼总统苏加诺将冠以金日成名字的花赠送给他。因为此花是热带花卉，很不容易在朝鲜培植，所以多是在大棚里种植。我们国内称其为紫色蝴蝶兰，非常漂亮。

还有一种金正日花,我在平壤的花展上见到过,是日本园艺师培育的,我们国内称其为红色大株海棠。这种花的叶子是心形的,开花必见两朵,一雌一雄。

总的来说,朝鲜是一个很有特色、很吸引人、值得一游的国家,希望大家如果有机会,可以亲自到这片土地上感受一下不一样的风情。

木槿乃韓之國之國花的寫為
其榮歟 丙寅申 仲冬

韩国国花
木槿

第十三章
一脉相承：

韩　国

Republic of Korea

中国前驻韩国特命全权大使

宁赋魁

我曾长期在朝鲜半岛工作，其中有 3 年的时间是在韩国。中韩两国地理相连，文化相通，习俗相近，同属东亚文明圈、汉字文化圈，中韩之间延续着数千年的文化交流与文明互鉴的关系。

中韩文化的同和异

中韩两国虽同属一个文化圈，但两国之间有同，也有异。韩国是一个多元、开放的社会，相比于中国，其自 20 世纪 50 年代以来，受西方文化的影响较大，社会形态和民众生活中的西方元素不断增多，年轻一代推崇西方文化，西方的节日习俗在韩国十分流行。与此同时，韩国也在坚持弘扬本土文化。我在韩国工作了 3 年，这期间有不少机会到韩国各地参观考察，包括了解当地的文化设施。我的总体感觉是，在韩国，无论是官方还是民间，都十分重视保护和弘扬传统文化，传统文化在韩国仍然占据主流。特别是传统节日，在韩国民众的心里占有重要地位。这一点与中国相似。由于中韩文化相通、习俗相近，清明节、端午节、中秋节、春节在韩国被公认为四大节日。在中国，春节是最重要的节日，而在韩国，中秋节则是最大的节日，每逢中秋节，全民放假 3 天。韩国的中秋节盛况同中国人过春节时的情景十分相像。在过节前的几天，大街小巷车水马龙，所有店铺都顾客盈门，民众掀起了购物热潮，节日气氛十分浓郁。而节日那几天，热闹的城市一下子变得静悄悄的，店铺几乎全部打烊。难怪韩国朋友讲，要在节前储备好几天的食材，否则在节日期间想购物的话，也无处可去。韩国人过中秋节，特别注重与家人团聚，因此也会像中国一样出现返乡大潮。韩国的人口为5000多万，每到中秋节，各种交通方式的累计客流量竟高达3000万人次，由此可见，人们选择回乡团聚的比例之高。由于客流量大，想要坐飞机、火车返乡，更是一票难求，一些人甚至刚过完今年的节日，就预订好明年的返乡机票、车票。

在韩国，春节是仅次于中秋节的第二大节日。中国春节传入朝鲜半岛后，与当地传统相融合，形成了带有当地特色的春节风俗。但由于历史和政治的因素，直到1999年，韩国才正式恢复春节这一节日。韩国人过春节，最重要的活动是祭祀祖先。祭祀祖先之后，晚辈就要给长辈拜年了，长辈要给拜年的晚辈压岁钱。韩国人过春节有互赠礼物的习俗，礼物的种类多样，如传统韩式点心、健康食品以及水果、日用品等等，就连小黄花鱼也可当作礼品赠送。国内有些观众看韩剧时，看到韩国人拿几条小黄花鱼送亲朋好友，会感到大为不解，其实这就是一种文化习俗。韩国人送礼时，很注重礼品包装。所有礼物都要用精致的包装纸包裹起来，讲究的还要配饰各色带有流苏的小荷包，给人一种高贵而又喜庆之感。韩国人过春节时也会贴春联，春联的用词、寓意也都很讲究。对中韩两国来说，春联具有很强的文化亲和性。但韩国的春联竟然是"白纸黑字"，这与中国的文化习俗有很大反差，着实令中国人诧异。不仅民居张贴的对联，韩国王宫、官府贴出的对联也是"白纸黑字"的。

此外，中国的端午节和韩国的端午祭也反映出中韩文化有同有

宁赋魁大使在韩国高丽大学演讲

异。中国的端午节源于自然天象崇拜，由上古时代祭龙演变而来，集拜神祭祖、祈福辟邪于一体，相传，它也是为了纪念战国时期的爱国诗人屈原而设立的节日，吃粽子、赛龙舟是中国端午节的主要特色。在韩国，也有过端午节的习俗，特别是在靠近东海岸的一个叫江陵的地方，那里完整地保存了端午节的习俗和祭拜仪式，所以，韩国的端午节又被称为"江陵端午祭"。前些年，中韩民众曾因端午节申遗问题闹得不可开交，实际上，韩国人申请的并不是将端午节列为他们的非物质文化遗产，而是他们设立的祭拜仪式和传统民俗娱乐活动。由此可见，韩国的文化虽然受到中国文化的影响，但在某些方面还是融入了特有的民族元素，形成了自己的特色文化。

文明的交流与互鉴

中韩两国间的文化交流源远流长，双方在相互学习、借鉴的基础上，又进一步实现了文化的传承发展。有几个例子可以很好地说明中韩文化的交流互鉴：

一是中国的印刷术与韩国的金属活字印刷。印刷术是中国古代四大发明之一，唐朝时期，中国人就发明了雕版印刷术，到了宋朝，毕昇发明了泥活字印刷术。这是世界印刷史上一次伟大的技术革命，极大地推动了文化教育的普及与发展。在泥活字印刷术问世300年后，朝鲜半岛发明了金属活字印刷术。此后，这一发明又传入了中国。

二是中国的造纸术与韩纸（高丽纸）造纸术。造纸术也是中国古代四大发明之一。2000年前，汉朝的蔡伦改进了造纸技术，大大降低了造纸成本，提高了造纸数量和质量，为文化的传播作出了不可磨灭的贡献。造纸术首先传入与中国毗连的朝鲜半岛、越南，然后传到了日本。当时，半岛上的高丽国、新罗国掌握了造纸技术，又在实践中将技术水平不断改进提高。到了唐宋时期，高丽人开始反向出口他们的纸张。在过去，这种纸被称为高丽纸，现在叫作"韩纸"，成为韩国文化的一种特色。在韩国首尔文化街——仁寺洞，开着多家文创产业店，你可以在那里感受韩纸的魅力。这种纸的特点是既柔软又厚实，有韧性，你可以看到用韩纸创作的书画作品，以及用韩纸制作的各种纸工艺品、高端礼品包装纸、生活用品甚至是家具。我曾在那里买过用韩纸做的传统灯具，精致漂亮，实用性和艺术性都很强。

　　三是书法。现在到访韩国的中国人都发现，韩国人在日常交流中已经很少使用汉字了。的确是这样，但根据我的观察，汉字在韩国仍然具有较强的生命力。对于韩国人而言，学习汉字、使用汉字仍然具有不可替代的现实意义和历史意义。在韩国，能够用汉字写书法，能够用汉字创作诗词是件值得骄傲的事情，因为这是韩国传统文化的重要组成部分。韩国的一些中小学把书法列为必修课，这是对韩国传统文化的传承。我在韩国工作期间，曾参加过中韩民间书法绘画交流活动，为韩国书法艺术家的高深造诣所折服。韩国书法艺术家非常崇拜中国古代著名书法大家王羲之、颜真卿、米芾、赵孟頫等人，大量购买他们的作品进行临习。除了少数专业书法家

1. 宁赋魁大使在韩国参观 KBS 电视台
2. 宁赋魁大使与时任韩国外长柳明桓会见

外，许多韩国的退休老人、家庭主妇同中国人一样，以练习书法为乐趣并颇有成就。他们以道、市、郡（县）为单位，自发地成立书法协会，开展交流，相互学习借鉴书法的要义。韩国的许多民间书法组织尤其重视与中国互通有无，时常在中国和韩国轮流举办书法交流活动。我曾应邀参加过韩国退休人员、妇女社团举办的书法展，他们不仅能写出十分优秀的隶书、楷书、行书作品，在篆刻等领域也具有深厚的功底。

醉人的自然风光

2020年是中韩建交28周年，建交后两国的关系迅速发展，两国间由来已久的交流互访和彼此深厚文化的浸润无疑是两国关系的重要基石。如今，越来越多的中国人前往韩国感受韩国的文化魅力，旅游成为两国文明实现交流与互鉴的重要方式之一。除了热衷于造访首尔外，大多数中国游客似乎对济州岛情有独钟。据统计，2016年之前（2017年发生了"萨德"事件，其后，中国访韩游客大幅下降），在访问济州岛的外国游客中，中国游客占了8成。每周，大约有130架次航班往返于济州岛和中国各个城市。将济州岛作为目的地，提供定期直航服务的中国城市多达12个，还有部分城市提供包机直航服务。有朋友问我，去韩国旅游，哪个地方具有特色，值得去看看。我一般都会回复：可以去济州岛一游。当然，每个游客选择去韩国，都是缘于自己个人的喜好、目的和梦想。我之所以喜欢济州岛,是因为它静谧、自然、古朴,同时又洋溢着现代的生机。

济州岛是韩国最大的岛屿,距首尔有五六百公里,岛屿面积为1800多平方公里,因其位于韩国国土的最南端,处于北纬33度线附近,所以气候温和,素有"韩国夏威夷"之称,加上独特的自然风光,很早以前就成为韩国旅游的热门之选。韩国政府为把济州岛打造成世界著名的旅游景点,促进济州岛旅游业的发展,着实做了大量工作。2006年,济州岛扩大了对无签证入境的许可范围,2007年,济州岛被收录为世界自然遗产,2011年,中国政府开始执行中国公民无签证入境济州岛旅游的政策。这些举措给济州岛旅游业的发展注入新的活力。韩国政府虽然将济州岛定位成旅游胜地,但并没有对其进行大规模的盲目开发,而是开发与保护并举,甚至在保护方面做得更多一些。如果你在济州国际机场下机后乘车由岛的北端向南端行驶,你会发现道路两边仍有许多未被开发的"荒芜"土地,野草丛生、树木茂密。我想,在嘈杂的大城市住久了的人,都会被这种自然风貌所吸引,陶醉其中。这可能就是济州岛的迷人之处吧。

我觉得中国游客之所以喜欢去济州岛,无外乎有四个原因:一是领略自然风光。济州岛是典型的由海中火山喷发而形成的岛屿,所以地理风貌非常独特。那里有火山口,还有位于海岸边的火山溶岩冷却后形成的柱状节理,还有海中的巨石,这些景色壮观而神奇。济州岛市政和旅游部门将许多临海区域打造成开放的海滨公园,沿着公园的步行道,一边散步,一边欣赏海滨风光,确实可以放松心情。二是感受现代韩流文化。韩国文旅部门以及私营旅馆、饭店打造了很多人文景观，并在其中融入了韩流文化，以吸引更多游客，特别是年轻游客。许多由韩国当红明星出演的电影、电视剧都是在济州岛拍摄取景的，如《大长今》《秘密花园》《浪漫满屋》《冬季恋歌》等。在影视作品播出后，这些拍摄地经过精心包装宣传，又成为新的景点。韩国国内外的一些追星族对此情有独钟。三是体验韩国民俗。游客可以参观民俗村的石屋草房，探寻关于"石头多、风多、女人多"的济州岛"三多"历史，了解为了生计冒险下海采摘海鲜的"海女"故事，再欣赏一下用当地火山岩石雕刻的随处可见的"石头爷爷"等等，这一切都会让游客感受到济州岛的独特民俗与文化。四是品尝当地的特色美食。济州岛四面环海，说起当地美食，自然少不了海鲜。当地的代表性菜肴之一是"清炖带鱼南瓜汤"。在我们国内，带鱼的烹饪方法一般为红烧、煎、炸。在济州岛，人们似乎更喜欢吃带鱼汤。韩国朋友曾向我说明，济州岛的带鱼都是一条一条钓上来的，并且马上采取保鲜措施，用这样的带鱼做汤，不仅没有腥味，而且特别鲜美。济州岛海产丰富，如果想大快朵颐，就可以尝尝那里的海产火锅，就是在火锅里放满蟹、虾、鱼等各种海鲜，佐以韩国风味辣酱，的确别有一番风味。除海鲜之外，烤济州黑猪肉也是当地的美食，喜欢吃肉的朋友可不能错过哟。

济州岛给我留下的另一个深刻印象是，它对中韩人文交流历史的见证。在韩国，无论去哪个地方，几乎都可以听到当地人介绍中韩之间人文交往的历史，济州岛也不例外。我初到济州的时候，多次听到当地的朋友向我提及"徐福东渡",在济州岛折返西行的历史传说。相传,中国的秦始皇梦想长生不老,为此,他派遣使臣徐福带着数千名童男童女,出海寻找不老仙草,到达济州岛后,经过风景优美的正房瀑布,再次渡海西归。此后当地人便把这个地方叫做"西归浦"。这就是现在的济州岛西归浦市。中韩建交后,越来越多的中国游客及韩国各界人士去往济州岛,"徐福西归"的传说自然成为中韩人文交流历史上的一段佳话,引起了很多人的兴趣。为促进中韩人文交流,同时也为了吸引更多的中国游客,当地政府携手首尔的韩中友好团体,在西归浦市建立了徐福纪念馆。我到济州岛出差时,曾应韩中友好团体的邀请,到纪念馆参观。纪念馆的规模不小,周边景观设计得也很漂亮,但纪念馆内的展品显得很单薄,除了徐福的塑像外,主要展出的是根据历史传说绘制的少量图片。后来纪念馆方为了吸引更多游客,包括韩国游客前来,对纪念馆的陈列、展品做了很多调整,在展览中增加了中国的其他历史文物(仿造品),还经常同中国的一些地方政府、友好团体联合开展文化交流活动。可以说,徐福在2000年之后,依然在为中韩友好及中韩文化交流事业的传承与发展默默地发挥着作用。

济州岛的确是个充满诱惑的地方,但它的"诱惑"也让人心生几分担忧。这是因为韩国政府允许济州岛开办赌场,济州岛是韩国赌场开设得最多、最集中的地方。根据韩国法律,本国人不允许进入赌场赌博,那么赌场所吸引的无疑是外国游客,而在外国游客中,中国游客又占了大多数。中国游客赴济州岛赏美景、品美食是无可非议的，但如果禁不住诱惑，进入赌场大肆赌博，必将产生难以预料的后果，引发道德、法律甚至犯罪等问题。要让更多的中国游客去济州岛观光，靠赌场的引诱肯定是不行的。济州岛本是一个清静、干净、充满大自然之美的地方，还是还它以本来面目吧。保护生态环境，发掘民族特色，才是提升旅游吸引力的正途。

不得不说，中国游客为韩国旅游业的兴旺发展作出了重要贡献。而与此同时，人文交流与文化旅游的兴盛促进了中韩两国文明的交流与互鉴，这是推动人类文明进步与世界和平发展的重要动力。我相信，中韩友好关系的发展一定会对东亚的和平与繁荣产生积极而深远的影响。

翠雀花
蒙古之國花
花芽時節
遍布於地具有頑強之
生命力深得民眾之喜愛 辛丑
何水汰

蒙古国花
翠雀花

第十四章
草原之国：

蒙 古
MONGOLIA

中国前驻蒙古特命全权大使

黄家骙

熟悉而陌生的国度

说起蒙古国，大家都会联想到我国的内蒙古自治区。20世纪70年代，我每年出国到蒙古工作时，邻居见到我便会问："您又去内蒙出差啦？"我们的北邻蒙古国，与我国的历史渊源深远绵长。乘坐北京至莫斯科的列车，不到30个小时便可从北京到达蒙古首都乌兰巴托。但是，真要问起蒙古的情况，很多人对这个国家都不甚了解，对我们来说，蒙古国的确是个既熟悉而又陌生的国度。

蒙古是亚洲北部的内陆国。1992年，原来在社会主义阵营的蒙古人民共和国颁布新宪法，将国名改为蒙古国。蒙古是仅次于哈萨克斯坦的世界第二大内陆国，国土平均海拔1500多米。蒙古只有中、俄两个邻国，其东、南、西三面与我国接壤，北部与俄罗斯接壤。蒙古国人口300多万，是世界上人口密度最小的国家之一，平均每平方公里不足两人。有人说，蒙古十分贫穷，都是沙漠，寸草不生，但实际上并非如此。蒙古的西北部多高山，东部多平原、草原，南部为戈壁沙漠。蒙古地广人稀，矿产资源十分丰富，煤、铁、铜、钼、铀、石油、黄金等储量丰富，已探明的矿藏有80多种，矿产业已成为蒙古支柱产业。蒙古是高原地区，属典型的大陆性气候，冬夏两季的最高温差可达90℃。我记得有一年冬天，我从家乡广东直接赶赴乌兰巴托。当时，广东的气温为20℃，温暖如春，到了蒙古，夜里气温临近零下40℃，温差达到60℃。有一年春节前，使馆的暖气水管都冻裂了，工人师傅们半夜起来紧急抢修。

草原游牧文化的发祥地

蒙古国地处高原，被称为"高原之国"或"草原之国"。在历史上曾被称作漠北蒙古，又称为北蒙古或外蒙古，是游牧民族的摇篮，也是草原游牧文化与文明的发祥地。蒙古人饮食以牛羊肉为主。在蒙古人看来，猪肉、鸡肉和鱼肉都不算肉。羊肉常见的吃法是手扒羊肉、羊肉串、羊肉汤面、羊肉包子、羊肉馅饼等，在大型宴会上要做烤全羊招待贵宾。此外还食用各种奶制品，如马奶、牛奶、驼奶、奶酪、奶皮子、奶渣等。马奶酒是蒙古人夏天常喝的饮料。蒙古人爱喝奶茶，他们的奶茶由砖茶煮成，再加上牛奶、盐或糖，味道极为鲜美。

蒙古族被称作马背上的民族。作为游牧民族，蒙古族与汉族等农耕民族有许多不同之处，这与当地的生活环境、气候条件密切相关。蒙古民族将"苍天"视为永恒的最高神，称之为"长生天"，"天"的女儿叫作"地"。在蒙古人眼中，"长生天"拥有至高无上的权力，他将自己的神力授予地上的一位首领，由他来代替自己在人间生活。"成吉思汗"的含义就是"赖长生天之力而为汗者"，这说明了其称汗的合法性。

蒙古文化的特殊之处还在于，可汗死后不会葬于固定的墓地，其遗体被安放在棺材里并埋于土中，此后会由几匹马将其踏平，以成吉思汗为代表的贵族（蒙语称"诺颜"）死后都不知葬于何地。目前，全世界的学者们关于成吉思汗的墓地位于何处的研究仍然没有定论。在我国的内蒙古鄂尔多斯有座成陵，实际上那只是一个衣冠冢，用于埋葬成吉思汗的衣冠，而并不是他真正的陵墓。这样的丧葬习俗也是游牧文化不可分割的一部分。当然，还有一个原因是古时的蒙古没有火葬，普遍采用土葬的方式。

蒙古族是个骁勇顽强、热情好客、敦厚淳朴、能歌善舞的民族。蒙古人普遍智商较高，在世界智力大赛中往往能拔得头筹。此外，蒙古长期以来也受到农耕民族的影响，其婚俗与农耕民族没有太大的差别。蒙古从奴隶制社会逐步过渡到封建社会后，便开始实行一夫一妻制，这一制度沿用至今。蒙古人的婚俗十分讲究，从订婚到出嫁的各个环节都有很多约定俗成的习惯。中国的彩礼与钱财和房子有关，而蒙古的彩礼则跟牲畜有关，讲究送多少匹马和多少只羊，其中羊背是最珍贵的礼物。牲畜是蒙古人生活中十分重要的一部分，在蒙古语中，表达牲畜的词汇极为丰富，而且分得很细。许多蒙古谚语都离不开牲畜，如"癫狂的马，容易闪失；慌张的人，易出乱子""要想吃肉先养羊，要想吃饭先种田""离水的金鱼难生存，离群的绵羊要喂狼"等。

蒙古有许多重要的传统节日，比如7月11日是国庆节，人民革命胜利纪念日，每年都要举行盛大的"那达慕"大会。这一天，人们会参与极具蒙古民族特色且惊险刺激的射箭、摔跤和骑马"男子三项"竞技运动。其中摔跤运动极为有趣，512名摔跤手经过数天角逐，留下两位胜出者，这两人再展开比拼，没有时间限制，直至决出冠军，冠军由总统授奖。一般总统授奖后才主持国庆宴会。

此外，蒙古人还会欢度藏历的白月节（即春节），蒙语称为"查干萨日"。白月节是个大节日，节日时要祭祀祖先、祭拜敖包，人们互相串门，互献哈达，互递鼻烟壶。蒙古也会过清明节、五一国际劳动节和三八妇女节等节日，受中国中秋节的影响，蒙古人也会庆祝"月饼节"。

蒙古草原的自然风光美丽怡人，茫茫草原上坐落着洁白的蒙古包，还有一群群牛羊在悠闲地吃草。蒙古包是草原一大看点，蒙古包又称"穹庐"，是蒙古族为适应"逐水草而居"的生活环境创造出来的"作品"。现在，中蒙两国已成功地将"蒙古族长调民歌"申报为"世界非物质文化遗产名录"，今后可能还会联合申报蒙古包。在蒙古无边无际的草原上是没有厕所的，人们通常会在道路两旁按照男左女右的顺序在草地上"方便"，蒙古人称之为"看马"。我记得在蒙古工作的那段时期，除了乌兰巴托、达尔汗、乔巴山、额尔登特等大城市外，其他省份的生活条件是比较艰苦的，只有鸡蛋、面包和炼乳罐头等少数食物，有时候晚上连洗澡的水都没有，但是我们对此已习以为常。

阴差阳错选择蒙古语

1960年，17岁的我拿着北大中文系的录取通知书，乘坐北上的列车，经过三天两夜到达北京。到学校报到后，组织将我转到东方语言文学系，我阴差阳错地选择了蒙古语。自1942年以后，蒙古政府对蒙语进行了改革，将原来老文字（老蒙文）改为基里尔语，在俄语33个字母的基础上，加了2个字母，变成35个字母的蒙古语（新蒙文），即喀尔喀蒙古语。我原本会俄语，所以学起蒙语比较轻松，成绩在班上名列前茅，1965年毕业后进入外交部工作。

黄家骅大使2001年秋在驻蒙古国使馆

在校学习时，我学习劲头十足，学好蒙古语、报效祖国是我一生的理想和追求。进入外交部工作后，我给不少国家领导人当过译员。很多年轻人羡慕我们外交官，觉得我们总是西装革履、神采奕奕，看起来十分潇洒，殊不知当外交官确实不易，也会遇到许多困难和艰辛，生活中也会经历无数酸甜苦辣。

我刚到乌兰巴托工作时，甚至连电话里的人在说什么都听不懂，我最初给使馆领导当翻译时，会遇到"卡壳"的情形，这时要靠在场的中国同事甚至蒙方翻译帮忙才解决问题。经过反复磨炼，我终于成为一名合格的外交官，能较好地完成组织交给的各项外交任务。

对外交官来说，语言只是一种工具，学什么语言不重要，重要的是用语言传递国家的政策和声音，做好文化交流，为国家的利益服务。在正式成为外交官之前，我曾经参与一些重要的翻译工作，

第十四章　草原之国：蒙古

经历了笔译和口译的双重考验，为日后成为外交官打下了基础。1999年，我被任命为驻蒙古国大使。就任大使期间，我直接用蒙语与蒙官员交流，到大学用蒙语做报告，节日前用蒙语在电视台致祝辞，取得明显的工作效果。2003年10月，我离任前夕，蒙古国总统巴嘎班迪向我授予蒙古三级勋章"北极星勋章"。

2008年北京举行夏季奥运会的时候，我已经退休了，但是我和几十名前驻外大使、总领事一起去做了奥运会志愿者，主要是当联络员，为各国运动员服务。在奥运会之前，为了争取蒙古国支持北京申奥的一票，我积极与蒙古国奥委会主席玛格旺先生沟通、交流，在他生日当天，我们专程从呼和浩特买了生日蛋糕，派专人送到他家里。外交工作要想取得成功，除了专业水平之外，也离不开朋友们的帮助。在这些经历中，我深刻体会到中蒙人民之间友谊的力量。

外交人员除了克服工作中的各种困难，还要经受远离家人的痛苦，夫妻分居、不能照顾家人是很现实的问题。1984年，我母亲因患胃病去世，我工作太忙无法抽空回家奔丧，只能用拼命的工作来压抑悲痛的心情。外交官看似风光的背后，也隐藏着种种苦楚，但是作为一名外交官，就要不畏困苦、忠于职守。

70年中蒙关系

1949年10月16日，中国和蒙古建交，揭开了两国关系的新篇章。

70余年来，两国关系虽有过困难和曲折，但是睦邻友好始终是两国关系的主流，建立在和平共处五项原则基础上的中蒙关系有着深厚的政治和历史基础。2014年，习近平主席对蒙古国进行了"走亲戚"式的访问，两国开启"全面战略伙伴关系"的新时期，在中蒙关系史上具有里程碑意义。

当前中蒙两国关系政治互信明显加强，保持高层互访势头；经贸合作取得长足发展。我国已多年成为蒙第一大贸易伙伴和第二大投资国；科技文教合作和人文交流蓬勃发展。

我在蒙古工作20年，亲历了两国关系恶化到关系完全正常化的过程。两国关系达到如今"全面战略伙伴"高度，是两国政府多年来共同努力的结果，来之不易，值得倍加珍惜。

2001年，黄家骙大使在扎布汗省参观

30000只羊的故事

2020年2月，正值新冠肺炎疫情肆虐，当时蒙古国总统巴特图勒嘎访问中国，表示要赠送给中国30000只羊，以支持中国抗击疫情。羊是一种温和的动物，在蒙古羊象征着友谊，而且羊肉也是具有益补作用的营养品。送给中国30000只羊，充分体现了蒙古人民对中国人民的深厚情谊。

中国和蒙古向来具有相互支援、互送礼品的优良传统。远亲不如近邻，中蒙间守望相助、相互帮扶已成为两国间合作的光荣传统和人民友谊的象征。20世纪50年代和60年代，为支援我国建设和救灾，蒙古曾赠送我国役马、牛羊肉、面粉等。50年代，我国

2001年，在使馆举行的和平解放西藏招待会上与寺庙住持交谈

向蒙古提供了无偿援助和低息贷款。50至60年代，我国派遣援蒙人员达27000人次，为蒙古国的建设作出了贡献。

2014年8月，黄家骙大使做客人民网

2020年11月，蒙古赠送的30000只羊全部运抵中国，并最终变成鲜美的羊肉端到了湖北人民的餐桌上。湖北人民为感谢蒙古人民"千里送暖羊"，也向蒙古回赠检测仪、核酸检测试剂及青砖茶、红茶等医疗和生活物资。

如今，中国在蒙古修建的多条公路、机场高速已竣工，铺陈在蒙古美丽的土地上。棚户区改造、污水处理厂、体育馆等许多项目也已完工或正在建设中。中蒙博览会成功举行，博鳌亚洲论坛乌兰巴托会议取得圆满成功。中蒙经济文化合作硕果累累。

作为一名老外交官，我对两国关系的发展感到十分高兴，对双边关系的发展前景充满信心。正如习近平主席所说："我们有理由、有信心期待中蒙关系发展更好的明天，让圣洁的哈达传递中蒙两国人民世代的友谊，让辽阔的草原承载中蒙共同发展的梦想。"

碧荷生絲池　朝日豔且鮮　辛丑夏拾玖何水法寫

印度国花
荷花

第十五章
多元文明：

印　度

INDIA

中国前驻阿富汗特命全权大使

郑清典

多样的语言

我在印度前后工作和生活了 15 年，还曾担任过中国驻印度大使馆公使衔参赞，所以我对印度的了解还是比较深入的。不少人以为，印度的官方语言是英语，但实际上，印度的民族比较多，并且都有自己的语言、传统和风俗，因而语言种类也较多。生活在印度北方的人主要讲印地语，而南方人除讲本民族语言外，讲英语的也比较多。根据印度政府的规定，印地语和英语都是国语，也就是官方用语。我毕业于北大印地语专业，非常荣幸的是，还当过季羡林老先生的学生。

在印度，一般从政的人员都会讲印地语和英语。有趣的是，竞选演讲的时候，竞选人要用这两种语言将自己的发言讲两遍。拉吉夫·甘地的夫人索尼亚·甘地是个地道的意大利人，她当选印度国大党主席后，积极推进妇女解放事业，党内威望很高。但是，国大党想推举她竞选印度总理的时候，人民还是接受不了她的外籍身份，最后只好推举了她的儿子。印度人平常说话时，多是印地语和英语来回转换，两种语言夹杂在一起，不太好懂。

错综复杂的宗教文化

印度让人感觉非常神秘，很多人都希望了解它，但有时又难以理解它。总体来看，印度文化主要有三个特点：一是宗教对社会各方面的影响都很大很深；二是在历史上，佛教在印度文化进程中发挥过重要作用；三是虽然没有文字记载，但印度具有悠久的诗史传统。印度文化的这些特点，至今还深刻影响着印度人的生活、信仰、道德、价值观，甚至对东南亚国家也产生了很大影响。

印度的政治、经济、法律制度，以及人们的道德观念、风俗习惯等都和宗教有关。在印度，信仰宗教是天经地义的事，不信宗教则是不可思议的事。在印度，无论城市还是农村，你看到的最美、最好的建筑一般都是神庙。印度人的家里，几乎家家都有一个神龛。

印度被称为"世界宗教博物馆"，99%以上的人都是宗教信徒，无神论者微乎其微。总体来说，印度的宗教信徒比较友善，包容性、接纳性也比较强。他们允许外国人移居印度，也允许这些人保留自己的宗教。在印度，你几乎可以找到世界上所有宗教，包括基督教、

印度古代王宫

天主教、伊斯兰教、犹太教、拜火教和袄教等。不过，土生土长的印度教一直是印度的主要宗教，其信徒约占印度人口的84%。此外，佛教、耆那教和锡克教都与印度教联系较为紧密。因此，印度教的教义是代表印度传统文化的主要宗教。此外，我们也知道，印度是一个屡遭外来民族入侵的国家，所以它又是一个多民族、多语言、多文化的国家。

在印度，宗教不仅意味着一种信仰和生活方式，同时也表达着一种民族的认同。民族和文化的认同主要体现在宗教上，人民生活的重心在于宗教，而不在于国家。在印度人看来，最重要的是宗教而不是政治，是灵魂而不是躯体本身，是无数的来生而不是今生，因为今生是暂住的，住了还要走的。所以对他们来说，外来民族可以占领他们的国土，掠夺他们的财富，焚烧他们的庙宇，但是没法改变他们所持有的印度教信仰。只要印度教不亡，印度这个民族就将永远存在，国家的概念反倒不是最重要的。

在这方面，中国人和印度人的区别还是非常大的。我们把国家、民族看得非常重，但是印度人不一样，对他们来说，要紧的是宗教而不是政治，他们不是很看重国家和民族，因为印度本身就有很多民族，而且都已经融合在一起了。宗教在印度当权者的统治方式中，一直发挥着至关重要的作用，并且产生了巨大的影响和凝聚力。尤其是拥有最多教徒的印度教，他们可以把来自不同地区、种族、文化背景，使用不同语言的人群聚集、团结在一起。在历史上，哪怕是穆斯林与印度教徒之间的战争，也没能改变这一点。

印度宗教的影响力、凝聚力，也是印度屡次被征服却从未被完全同化的原因之一，这是值得印度人引以为傲的事情。穆斯林入侵印度时几乎把印度教庙宇悉数摧毁，在 20 世纪 90 年代，又因此发生过全国性的骚乱。原因是考古研究发现，有一座清真寺的地基，原本属于一座印度教古寺，但古寺被穆斯林摧毁了。于是，印度教徒几乎在一夜之间，便将这座清真寺夷为平地，由此引发了全国性大规模的教派冲突。其实在历史上，马其顿、蒙古及穆斯林等外族都曾入侵过印度，并将其文化、宗教传入印度。各种宗教派别的建筑共存于一地的现象是非常普遍的，但是，这对印度教徒来说又是不能接受的。

　　印度教的影响也体现在印度人的日常生活中。有一次，我去一个印度教徒家里做客。他在孟买当会计师，挣的钱不算少，他每天坐飞机往返于各地，家是一座十分豪华的三层小楼，可房间内除一个神龛外，只有一台很小的电视机和一个很小的电冰箱。他告诉我说，电视上播放的现代内容太多，看多了对小孩没什么好处。他们挣的钱多了，可以用来买房买地，但是他们依然崇尚简朴的生活方式，基本上坚持着传统保守的文化理念。像这

印度教古庙

样的家庭，在现代印度社会中仍为数不少。

在印度众多的宗教类别中，佛教是中国人最为熟悉的，因为中国的佛教就是从印度传过来的。佛教在印度文化中曾经占有很重要的地位，印度古代和现代的文学、戏剧、电影、舞蹈作品，都是以大圆满的情节作为结尾，正义战胜邪恶，人人欢天喜地，并且始终贯穿着一条线，那就是善有善报、恶有恶报，这些都反映了佛教仁爱互助的精神。佛教中的仁爱、因果、乐善好施等内涵都被印度教吸收。

同时，佛教的传播，也促进了印度与周边国家的文化交流与融合。以中国为例，佛教传到中国后，对中国古代的文化、政治等都产生了重要影响。中印两国的文化交流，意义深远。在古代，中国较多地学习印度的精神文明，如佛教思想与建筑艺术；而印度也学习了中国的物质文明，比如丝绸纺织、炼铁、造纸等先进技术。同时，中印双方都表现出了主体文化的排异性，坚持本民族的主体文化不动摇，并吸收外来有用成分为己所用。而且，中印文化交流具有互补性，比如玄奘对印度佛教和印度历史的贡献，印度达摩来华传授禅法等。中印文化交流还具有较强的民间性、平和性等特征。

印度文化的第三个特点是具有诗史传统。印度人习惯以诗歌代替历史，甚至直到今天，都还没有一部由印度人自己写的完整的印度历史问世。古代印度人十分浪漫且富于幻想，他们喜欢作诗，并用诗歌把历史上发生的重大事件表达出来，再加上神话传说，形成史诗体裁。印度最著名的史诗有两部，一部是《罗摩衍那》，季羡林老先生曾将它翻译成中文；另一部叫《摩诃婆罗多》。这两部史诗把印度古代发生的大部分事件都记录了下来，又用夸张的手法将其融入神话。比如在《罗摩衍那》中，有一只帮助罗摩打仗的神猴，据说是《西游记》中孙悟空的原型。在印度就建有很多神猴庙。此外，印度人有时也搞不清诗史中记载的内容，到底哪些是真实的，哪些又是经过文学加工的。有趣的是，英国人根据《罗摩衍那》，帮印度人撰写了一部印度史。更早出现的有关印度历史的作品，即《大唐西域记》，书中记载的印度地理方位非常详细、准确，根据这本书，英国人在印度发掘出很多历史古迹。

奇特的种姓制度

我们印象中的印度人五官立体，肤色略暗，但他们却以白为美，很多人纳闷，印度人到底是什么人种？事实上，印度是多民族、多种族国家，也被称作"人种学的博物馆"。而且，印度对各民族都非常包容，阿拉伯人、土耳其人、波斯人、蒙古人、非洲人、穆斯林等都得以在印度生存，繁衍子嗣。后来，葡萄牙人、法国人、英国人也陆续来到印度，因而产生了很多印欧混血人种，总之现代印度人的血统是比较混杂的。

种姓制度最早是由婆罗门教，也就是由印度教的古代形式所确立的，它将印度人分为婆罗门、刹帝利、吠舍、首陀罗四个种姓，对应神从头到脚的四个部分，相互之间区分非常严格，不同种姓的群体之间不能通婚。上述四个种姓实际上是把人分成了四个等级：

一是婆罗门，即主持祭祀的僧侣群体。到后来，政府里的一些高级职位均由他们担任，他们走在路上的时候，甚至不允许别人踩他们的影子。二是刹帝利，他们掌管行政和军事。三是吠舍，他们主要经商，属城市的市民阶层。四是首陀罗，是地位最低的种姓，这类人一般做一些杂活。在印度，什么种姓从事什么行业，一般都是有严格规定的。除上述四个种姓外，还有一个最低下的阶层，被称为贱民。在传统的印度社会中，贱民只能从事洗衣、打扫卫生等苦力工作，地位最为卑贱。

印度获得独立后，实行一系列改革，比如首任总理尼赫鲁把贱民称为"天民"。所谓"天民"，就是被上帝赐予身份的人的意思，应予同等对待。但印度种姓观念的历史烙印非常深刻，尽管官方政府明确反对种姓制度，也一直在宣传人人平等的价值观，但实际上

印度锡克教庙宇中的信徒

第十五章 多元文明：印度

很难实现。在印度，人与人之间的交往受政治因素的影响不大，而仍然受制于很强的文化观念。在低种姓的人们看来，他们卑微的地位完全是由自己的前世造成的，只有今世安分守己、侍奉神灵，才能在来世过上更好的生活，很少有通过自己的努力去改变命运的想法。虽然政府层面会树立一些社会典型，也通过电影、电视等现代化的方式宣传，鼓励人们打破阶层的禁锢，但是广大民众并不认可，尤其是在落后的村庄，有客人来了，贱民便只能躲在家里，一旦和客人有目光接触，就会马上低下头，也不能跟客人交谈。除非个人能力非常出色，否则身为低种姓的人便很难有出头之日，他们自己也不认为今生需要改变，这辈子就该如此，拼命干活，抱有一定的赎罪心理。此外，在印度，种种原因还导致印度女性经常受到歧视。一些受过高等教育、成绩很优秀的女性，结婚之后就待在家中带孩子，不再出去工作。当然也有在政府机构、企业等上班的女性，但是为数不多。

印度的电影和美食

印度的电影很有名，宝莱坞是位于印度孟买的电影产业基地，印度人将美国"好莱坞"（Hollywood）的首字母"H"换成了本国电影之都孟买（Bombay）的首字母"B"，把"好莱坞"变成了"宝莱坞"（Bollywood）。电影在印度是非常普及的艺术，电影票价很低，大家都喜欢看，也看得起。电影故事的结局总是大圆满式的，善终归会战胜恶，而且演员都能歌善舞，故事情节中都会穿插几段优美的歌舞。巴基斯坦、尼泊尔、不丹等国的民众都喜欢看印度电影。在印度的几个大型移民居住区，还会将电影字幕翻译成当地语言。近些年，一些现实主义题材的印度电影，也备受中国观众欢迎。不过令我们印象最深的还是那些多姿多彩的印度歌舞电影，就像他们五颜六色的咖喱一样。

咖喱是印度美食中一个非常重要的元素，由很多种香料混合制成。印度食物中，往往一道菜里就放20多种香料，中国人一般都吃不惯。在印度，种姓越高的人家在菜里放的香料就越多。另外，他们喜欢带黏性的米饭，把米饭煮得比较干，用手抓着并就着汤吃。

宗教文化之旅

印度的旅游业比较发达，去印度旅游的中国人也很多。每年的10月至次年的3月是印度比较凉爽的季节，很适合去旅游。2008年，为了开拓中国旅游市场，印度国家旅游局正式推出了中文版的《旅游手册》并开通了中文网站，同时推出了一系列主题旅游线路，包括"宗教之旅""瑜伽之旅""文化遗产之旅"等。在常规旅游产品中，印度旅游局重点推荐"黄金三角之旅"，这条路线会带游客前往已有5000多年历史的印度首都新德里、坐落着泰姬陵的阿格拉和粉红城市斋浦尔这三座古都城市，是一条融合了灿烂古典文化和多样民俗的线路，非常适合第一次到印度旅游的中国游客。

1. 印度妇女
2. 印度儿童
3. 骑骆驼的印度人

　　如果想体验宗教文化之旅，我推荐以下几个城市：（1）印度教圣地——瓦拉纳西，它也被称为贝拿勒斯，享有"印度之光"的美誉，是恒河沿岸最大的历史古城；（2）佛陀觉道成佛之地——菩提伽耶，该城内的著名佛塔相传为阿育王所建，塔下栽有一棵著名的菩提树，释迦牟尼就是在此树下悟得真谛［原树已毁，此树系后人从锡兰（今斯里兰卡）移植］；（3）佛陀初转法轮之地——鹿野苑，距离瓦拉纳西约有10公里，释迦摩尼最先在此传教并收了5个门徒，中国古代高僧法显、玄奘都曾来此朝圣；（4）释迦牟尼涅槃之地——拘尸那迦，它位于印度与尼泊尔边界附近，释迦牟尼29岁出家，35岁悟道，一生都在印度传教，80岁时在此涅槃，唐玄奘也曾来过此地朝拜；（5）世界精粹——阿旃陀石窟，印度著名石窟，是将佛教建筑、雕刻、绘画艺术相结合的典范，被誉为世界和东方的精粹建筑之一，于1983年被列入世界文化遗产名录。石窟建在高20多米的花岗岩陡壁上，先后凿于公元前2世纪至公元7世纪，29座石窟紧密相连，非常雄伟壮观。玄奘《大唐西域记》曾有记录。

去印度旅游时要注意一些宗教和民族习俗，比如，印度人不习惯与人握手、印度教徒不吃牛肉，此外还有很多素食者；印度人宴请宾客时一般不劝酒；进庙参观时要脱鞋、戴头罩等。此外，可能是受到炎热气候的影响，印度人的办事速度比较慢，比如请柬上写着婚礼于晚上8点举行，你12点再去现场也不会太晚（因为婚礼本就是持续到后半夜的）。去政府办事，印度人经常会说："没问题，明天早上再来吧。"如果涉及法律问题，他们就更拖沓了，所以跟印度人打交道时一定要有耐心。

总的来说，印度是一个宗教关系非常复杂的国家。在印度工作，最好是会讲印地语和英语两种语言，展开两只翅膀才能飞得稳。此外，印度人非常包容，我们要学会这一点，不能完全按照自己的思维去理解他们。

中印两国的文明，需要相互交流借鉴。印度确实也存在一些问题，但是我们更应该看到他们好的一面，比如印度的文化、建筑、礼仪、人民的激情活力等等，这些都是值得我们学习的。

素馨花 巴基斯坦之國花 辛丑何水瀴寫并記

巴基斯坦国花

素馨

第十六章
诗之国度：巴基斯坦

PAKISTAN

中国前驻巴基斯坦使馆文化参赞

袁维学

初到巴基斯坦的日子

1970年，我从北京广播学院（今中国传媒大学）毕业后被分配到中央广播事业局下属的中国国际广播电台工作。其后不久，就被一机部借调到巴基斯坦重型机器厂担任乌尔都语翻译。1971年11月，我随援建巴基斯坦铸锻件厂的组长于凤桐等3人，来到巴基斯坦的大都市卡拉奇。于组长带着我们去拜访西巴工业发展公司的主席。当时，主席听说我会讲乌尔都语便很高兴，"叽哩哇啦"地跟我讲了几句。除了"你好"之外，我几乎都听不懂，颇为尴尬。幸亏有个英文翻译帮助我们进行英语交流，不然指望我当翻译，那可就砸锅了。当时，我虽然学过8个月的乌尔都语，但是搁置4年之后就只记得几个字母了。自己既然出来当翻译，就得立志好好学习乌尔都语。

中国援建巴基斯坦的两个大型工厂，一个是重型机器厂，一个是铸锻件厂。两个姐妹厂都在塔克西拉。那时候，重机厂已经开始投入生产，而铸锻件厂才刚刚开始土建。我在重机厂的装配车间担任翻译。有一次，一位上海师傅让我当翻译，给巴基斯坦工人讲如何加工一个部件。我讲了半天，巴基斯坦工人都不明白。那位师傅见我说不清楚就自己解释。他用乌尔都语、英语和汉语，连说带比画，最终让巴基斯坦工人明白了。我悔恨自己无用，那个师傅并没有埋怨我，反而安慰我。这次经历带给我的教训极其深刻，我下定决心要把乌尔都语学好。

我在车间里时向巴基斯坦工人学，出去办事时向巴基斯坦司机学，在买菜时甚至向卖菜的摊贩学。总之，我抓住一切时机刻苦学习，争取尽快越过语言这一难关。

专家组的同志们很体谅我、关心我，使我感受到大家庭的温暖。

当时，我们拿着双份工资，国内每月发给我56元人民币，国外发给我40元外汇人民币。在国外工作的同事一律平等，从组长到组员统统拿40元人民币，听说使馆人员也都拿一样的工资，每月40多元人民币。那个时候，为了方便学外语，我花了半年的工资买了一台日本产的"松下牌"半导体收音机，专门用来收听乌尔都语的广播内容。

1971年，巴基斯坦东部与西部产生矛盾，印度对巴基斯坦动武。巴基斯坦局势很紧张，我们也闻到了火药味。那时候，工厂不时拉响防空警报。一天内最多会响起9次防空警报。防空警报一响，所有人都要放下手里的工作，到预定的地方躲起来。有时，我们可以看到印度飞机在遥远的上空盘旋。印度人比巴基斯坦人更善于随机应变。有一次，巴方通知我们驻巴基斯坦使馆的武官去看他们打下来的印度飞机。我们的武官正要动身，就又接到巴方的通知，说不要去了。原来印度飞机被打中后佯装坠落，在巴方正在欣喜时，突然跃起，逃之夭夭。

1973年8月，我从巴基斯坦回国，又继续在中国国际广播电台工作。

文明的渊源

巴基斯坦位于南亚次大陆西北部，是个地形狭长的国家，它南濒阿拉伯海，北枕喀喇昆仑山和喜马拉雅山，与印度、中国、阿富汗和伊朗毗邻。巴基斯坦大部分地区处于亚热带，气候总的来说比较炎热干燥。

在乌尔都语中，"巴基斯坦"的含义是"圣洁的土地"。它是个伊斯兰国家。穆斯林占全国人口总数的96%，非穆斯林仅占全国人口总数的4%，其中印度教徒、基督教徒占大多数，另有少量的拜火教徒和佛教徒。巴基斯坦的伊斯兰教内部派系林立，大小派别共有七八十个之多，但主要派别为逊尼派和什叶派。逊尼派教徒的人数占全国穆斯林的75%，什叶派教徒的人数占全国穆斯林的20%。

巴基斯坦是印度河流域文明的发源地。巴基斯坦与印度原属一个国家，1858年沦为英国殖民地。1947年8月14日，巴基斯坦宣告独立，成为英联邦的一个自治领，领土包括东巴和西巴两部分。1956年3月23日，巴基斯坦伊斯兰共和国成立，经过1971年的印巴战争后，原东巴基斯坦从巴基斯坦中分离出来，成立孟加拉国。

巴基斯坦是个多民族国家。追溯其历史可知，最早居住在巴基斯坦地区内的土著居民为达罗毗荼人。历史上，自东北和西南来到南亚定居的移民有雅利安人、希腊人、土耳其人、波斯人、阿富汗人、阿拉伯人和蒙古人，通过长期的融合繁衍成为今天巴境内的4个主要民族:(1)旁遮普族:居住在最富庶的旁遮普省,属于雅利安人种,在巴上层社会中占有统治性地位,往往控制着军政要职。务农、从军为旁遮普人的主要职业。巴军队中的主要群体是旁遮普人。(2)信德族:主要居住在信德省,属于雅利安人种。信德省被誉为巴伊斯兰教的门户,信德人的工作和生活方式更加直接地受到伊斯兰教的影响。他们崇尚农业,祖辈务农。近年来,不少信德人开始经商和创办实业。(3)帕坦族:亦称普什图族,多居住在开伯尔－普赫图赫瓦省(开普省)。该民族属于伊朗人和土耳其人的混血种,主要从事游牧业。(4)俾路支族:多居住在俾路支省,也有一些居住在信德省。俾路支人也是伊朗人和土耳其人的混血种,主要从事畜牧业。

巴基斯坦的首都伊斯兰堡是个花园城市,卡拉奇、拉合尔也都是世界名城。巴基斯坦的国语为乌尔都语,官方语言为英语和马都语。地方语言主要有:旁遮普语、信德语、普什图语、俾路支语。

"乌尔都"是"军营"的意思。古代打仗的时候,大家没有一种通用的语言。你讲你的母语,他讲他的母语,后来,几种语言混在一起,组成了一种新的语言——乌尔都语。乌尔都语其实是印地语、波斯语、阿拉伯语、土耳其语等9种语言的混合物。其中还混有汉语,如乌尔都语中的"茶""荔枝""秦"等。实际上,在巴基斯坦,以乌尔都语为母语的人很少,仅占巴人口的7.6%,主要是来自印度的移民。旁遮普语为梵文俗语的一种方言,近似于乌尔都语。在巴基斯坦,以旁遮普语为母语的人数最多,占总人口的

48.7%。信德语词汇大多源于梵文俗语,其余部分来自阿拉伯语和波斯语,信德人说信德语,占巴人口的 11.7%。普什图语属于伊朗语系,其书法与文法规则类似波斯语。开普省的帕坦人使用此语,占巴人口的 13.14%。俾路支语为波斯语的一种方言,文字为波斯文,俾路支族使用此语,占巴人口的 5.01%。英语被广泛用于高等教育、科技、商业、司法、外交等领域。

宗教民俗与文化

巴基斯坦的妇女很少参加工作。大多数妇女在家当贵妇或家庭主妇。女孩子也会接受教育,但其目的不是为了工作,而是为了找

袁维学参赞向巴基斯坦民间遗产研究所所长赠送图书

一个如意郎君或提高自身的修养。12岁以上的女性外出时需要戴头巾。巴基斯坦的男子可以娶4个老婆。但真正娶好几个老婆的人并不多，城市里基本上还是实行一夫一妻制。

巴基斯坦很注重男女有别。男女见面，仅仅问好，极少握手。在外交场合，也要待女子主动伸出手时，男子才能与其握手。若男子先伸出手，而女子不愿意握手，那么男子将处于很尴尬的境地。

巴基斯坦人大多是虔诚的伊斯兰教徒，每天祈祷5次。斋月期间，从日出到日落，不吃、不喝、不抽烟，无人监督，无人约束，自觉自愿，无怨无悔。在与巴基斯坦人交往时，忌讳用手拍打对方的肩背，即使是同亲密的朋友见面、拥抱时也不要高兴得用手拍打对方的肩背，因为在巴基斯坦，这会被认为是警察拘捕犯人的动作。不能将手帕作为礼品赠送给巴基斯坦朋友，因为他们认为手帕是用来擦眼泪的，赠送手帕会带来悲伤的事情。

巴基斯坦的文化政策以伊斯兰教义为准则，目的在于保护和发展本国的语言和民族文化遗产，抵制违背伊斯兰教教规和信条，以及不符合本国国情的外来文化渗透。巴基斯坦电影《永恒的爱情》等作品曾令许多中国观众为之倾倒。观众喜爱的是电影中的音乐和舞蹈，而非情节。巴基斯坦影片的情节都比较简单。而且影片中绝不允许出现接吻、拥抱、裸露等镜头。

在巴基斯坦，主管文化的部门是文化体育旅游和青年事务部。该部设部长1人，秘书1人。部长是内阁成员，秘书相当于副部长，是常务最高文官。其下设有联合秘书、副秘书等官员。巴基斯坦的主要文化机构有：巴基斯坦全国艺术委员会、巴基斯坦文学研究院、巴基斯坦民间遗产研究所等。

巴基斯坦全国艺术委员会是巴文化部下属的一个单位，成立于 1972 年，其主要职能是：指导全国的文化艺术活动；按联邦政府的指示协助实施文化协定和文化交流执行计划；接待外国来访的艺术团体和组织出国访问的艺术团体；举办全国性和地区性的艺术展览和艺术节；就全国文化活动的政策和计划向政府提出建议等。全巴 4 个省皆设有省一级的艺术委员会。

巴基斯坦文学研究院成立于 1976 年，隶属于教育部，是主管巴基斯坦全国文学创作及文学家的最高专门机构，相当于中国作家协会。文学研究院的最高领导为主席，下设一名主任，负责日常事务。

巴基斯坦民间遗产研究所成立于 1978 年，隶属于文化部，其职责是挖掘和搜集整理民间文化遗产资料，组织民间文化活动，如举办民间艺术节、民间传统工艺展览等。研究所的执行主任负责日常事务。

巴基斯坦文化是多种文化的混合体。它既有"印度河流域文明"的影子，又有英国文化的烙印，更含有伊斯兰文化的成分。由于巴基斯坦经济落后，政局动荡等因素，文化教育事业的发展极其缓慢。

中国和巴基斯坦一直保持着密切的文化往来。两国建交后即派文化团互访并联合举办展览。1965 年 3 月 26 日，中巴两国政府代表在拉瓦尔品第签订文化协定，并于该年首次签署年度文化交流执行计划。迄今，两国已签署了 10 余份这样的执行计划。

袁维学在向巴基斯坦朋友介绍中国书法

巴基斯坦人民对中国文学、中国作家并不陌生，大学生一般都知道鲁迅、茅盾、巴金，还能列举出他们的作品。有些人还能津津乐道地谈起中国的现代作家以及他们的流派。

巴基斯坦著名作家绍克特·希迪奎先生说："如果说巴基斯坦人民对某位中国作家较为了解的话，那就是中国的伟大文学家和思想家鲁迅。"早在巴基斯坦独立之前，鲁迅先生还在世时，《鲁迅短篇小说集》就被译成了乌尔都文，在南亚出版并广为流行。这些短篇小说深受当地读者欢迎，许多人写文章，高度评价鲁迅的文学成就。至今，鲁迅的小说依然被巴基斯坦文学院系列为必读之书。新中国成立后，特别是自1980年中巴两国文化交流步入正轨后，两国作家代表团、画家代表团、艺术团每两年往来一次。许多中国著名作家先后访问巴基斯坦。诗人袁鹰曾两度访问巴基斯坦。他和闻捷访巴后合著的诗集《花环》，不仅在中国流行，还被译成乌尔都语，在巴基斯坦出版。著名作家杨沫、曲波等人也都访问过巴基斯坦。

巴基斯坦的媒体机构翻译出版了《中国诗选》《中国民间故事》《中国现代小说选》等书。中国也翻译出版了《伊克巴尔诗选》《真纳传》《巴基斯坦短篇小说选》《悲哀世代》《花园与春天》《真主的大地》等巴基斯坦文学作品。中国画家林墉、苏华的《访问巴基斯坦画集》由巴基斯坦政府投资出版，齐亚·哈克总统曾将其作为礼品赠送给外国客人。

巴基斯坦人非常喜爱诗歌，优秀诗人辈出。诗成了他们文化生活的重要组成部分。许多人即使不会做诗，也会吟诵几首历史上的大诗人阿利布、已故现代诗人伊克巴尔、费兹等的诗。他们即使记不得全诗，也能背诵其中的名句。与巴基斯坦人聊天时会发现，他们会时不时地背诵几句诗来阐明他们的观点。他们若知道你也略通诗道，便会喜形于色，对你格外亲切。

由于巴基斯坦人重视诗歌，一种民间的文学交流形式——诗歌欣赏会，便应运而生。诗歌爱好者们常在下午或晚上聚在一起，欣赏诗歌。有的诗会成立固定的组织，定期举办活动。这种诗歌欣赏会存在于巴基斯坦的各个城市，包括农村地带。会上，诗人们分别朗诵自己的诗作，听众连连叫好，诗人备受鼓舞，喜不自禁。有时，大家还会对某人的诗作评论一番，诗人们互相切磋，提高技艺。有时，诗歌欣赏会的举办方会请著名诗人到场，朗诵其佳作，供大家欣赏、学习。巴基斯坦不愧是"诗之国度"。

丝路遇险

2000年4月，巴基斯坦民间遗产研究所所长阿克西·穆夫迪告诉我，他们拟于9月份在巴基斯坦北部地区吉尔吉特和罕萨举办"国际丝绸之路节"，并希望中国新疆能派艺术团和民间艺人参加这一盛会。当时，我与新疆维吾尔自治区文化厅联系，他们很支持这一创意，决定派喀什市歌舞团赴巴访演。穆夫迪决定，同我以及吉尔吉特市的财政秘书阿克特尔布哈利3人，从陆路出发，驱车前往喀什，挑选演出节目并商谈相关事宜。

7月12日凌晨5点，我们乘吉普车从巴基斯坦首都伊斯兰堡出发，前往吉尔吉特。这条路线穆夫迪已走过多次，但我还是第一次。对我来说，一路上的文化古迹和自然风光新鲜而富有吸引力。穆夫迪很理解我的心情，他说："路过那些著名景点都停下来，让你观赏一下。"

我们将穿过中巴友谊公路，到达中国。中巴友谊公路始建于20世纪70年代，是中国援巴建设工程，公路全长1300公里，中国将其称作中巴友谊公路，巴基斯坦将其称为喀喇昆仑公路。我们将沿印度河行驶，跨过喜马拉雅山、兴都库什山及喀喇昆仑山三大山脉，然后经由全世界最高的关卡——红其拉甫山口，进入新疆喀什。喀什是中巴友谊公路中国段的起点，终点位于红其拉甫山口的中巴两国交界处，这段公路长 415 公里，平均海拔 3000 米，最高处红其拉甫大坂海拔 4773 米。

中巴友谊公路与古丝绸之路的走向基本一致，都穿行于一条迂回曲折的峡谷中间，四周围绕着崇山峻岭。古代丝绸之路东起长安（今西安），沿渭水西行，循着河西走廊至敦煌，由敦煌分南北两路：南路从敦煌西南出阳关，至楼兰（今若羌东北），沿昆仑山北麓西行，经于阗（今和田）、莎车等地到达葱岭（今帕米尔）；北路从敦煌西北出玉门关，至车师前王庭（今吐鲁番），沿天山南路西行经龟兹（今库车）、疏勒（今喀什）等地到达葱岭。在葱岭又分成两条路：一条南下至印度，一条西进至巴基斯坦。

吉普车在驶离伊斯兰堡 4 个多小时后停在一处废墟前。穆夫迪向我介绍说："在佛教兴盛时期，这里是一个大寺院。法显撰写的《佛国记》中对此处有记载。"

这里虽然已变成了废墟，但依稀可看当年的繁华景象。高大的窣堵波（原形佛塔）较为完好地屹立于此。它是由小石块垒起来的，有 30 多米高，虽然表面上的一些石块脱落了，但却无损窣堵波整体的雄伟气魄。它经历了无数次风雨和战乱，见证了世间沧桑。

旁边的山上有很大一片寺院遗址。几十间禅房的遗迹，静静地"卧"在那里。我站在一间仅剩房基的禅房前，驻足观看。它仿佛在对我说："当年，你们中国第一个来天竺取经的和尚法显就住在这里。他待我很好，我也尽力地为他效劳。你这个后生没有忘记我这个老朽，真是谢谢你。"我情不自禁地从地上摘了几朵野花，恭恭敬敬地放在过去和尚们放灯的地方，也算作对佛祖的供养吧。

到了印度河畔，我们的车又停了下来。穆夫迪指着印度河说："马其顿国王亚历山大大帝在打败波斯王大流士三世后，于公元前327年南下印度。他们就是在这里渡过印度河，往塔克西拉方向去的……"

我还没等他说完，就问道："听说巴基斯坦北部的卡拉什族就是古希腊人的后裔，是吗？"

"是的。这个民族有它自己的宗教，政府从来不干预他们。"

吉普车行驶在印度河左边的喀拉昆仑公路上。路越来越难走，也越来越危险。左边峭壁，右边深渊，河流蜿蜒，道路崎岖。

当吉普车经过一座桥梁时，我看到桥墩上精美的汉白玉石狮，非常兴奋。一看便知，它们是出自中国工匠之手，我感到很亲切。可惜，有一尊石狮不翼而飞了，只剩下桥墩立在那里。我想，可能是哪一位巴基斯坦艺术爱好者，把它当作艺术珍品收藏起来了，或者把它当作巴中友谊的象征，放在了自家的门口，以向来访者炫耀。不过，那尊石狮不见了，还是令我感到有点儿惋惜，有点儿遗憾。

当吉普车离开印度河，进入一个山谷的时候，穆夫迪领我去看了一处古迹。只见几块硕大的石头，上面刻着文字和图画。

我问穆夫迪："这是什么文字？"

"这是巴利文，古代佛教徒用的文字，是佛教徒经过此处留下的痕迹。"

我仔细地看了看，文字的顺序没有规则，这儿一段，那儿一段，也非一人手迹。文字旁还刻有狗、鸡、羊等图形。我想，古人是不是也像现代的有些人一样，会在名胜古迹上写上"某某到此一游"？我仔细寻找，想看看是否有法显或其他中国和尚留下来的痕迹，但没有找到。可能是他们太低调，不愿留下姓名吧！

我让穆夫迪为我拍了几张与古迹的合影，留作纪念。

夕阳西下，但我们距离目的地还很遥远。天色越来越暗，四周渐渐陷入一片黑暗之中，我们摸黑前进。周围没有村庄，路上没有车辆。唯一的亮光就是我们的车灯。路很窄，如果一不小心掉到下边的山谷里，就会车毁人亡。我不禁想，当年法显和玄奘经过这里时，前不着村，后不着店，是如何度过漆黑的夜晚的？乘坐汽车尚且不易，徒步就更加困难了。

司机开了一天的车，已经很辛苦了，我真担心他太疲倦，或者困得打盹，但爱莫能助，我们不能停下来在荒山野岭里歇息，也不能代替他开车。吉普车在弯弯曲曲的山道上爬行，1小时最多行驶30多公里。穆夫迪本来话挺多，但早已经说累了，坐在车上打盹。

夜里11点左右，我们终于到达目的地——吉尔吉特。我们坐了将近18个小时的汽车，到了住地已经是筋疲力尽了。

次日上午，我们又坐上吉普车继续前进，在罕萨小憩。罕萨原先是一个土邦，由罕萨王管辖。现在，土邦已不复存在，但罕萨王的后裔在当地仍然很受尊重。罕萨距我国新疆的直线距离仅有30多公里。它被喜马拉雅山包围，是一个狭长的山谷，长161公里，宽 5 公里，当地有居民 4.5 万人。这里风景如画，环境恬静如诗画，人人过着"日出而作，日落而息"的农耕生活，自给自足，与世无争，宛如生活在"世外桃源"。这里居住着塔吉克族人，他们与新疆的塔吉克族人使用同一种语言，两方有何渊源关系，尚无人去深入研究。是否有可能是古代新疆的塔吉克族牧民游牧至此，见此地环境优美，乐而不归？真实的历史不得而知，不过，他们现在是巴基斯坦居民。

从罕萨到红其拉甫山口的路段是中巴友谊公路中最艰险的一段路。山崖陡峭，道路崎岖，经常出现滑坡现象，是事故多发地。

离开罕萨不久，穆夫迪就指着对面的山坡说："你看，那就是古代的丝绸之路。"

对面褐色的山崖上有一条羊肠小道，蜿蜒、陡峭，顺山势向前延伸。可以想象，走在那样一条路上是多么的艰难和危险！古代商旅就是行走在这条路上，冒着生命危险把中国丝绸运往其他国家，又把其他国家的货物运到中国。这条险路成为早期中外文化交流的桥梁。

中巴友谊公路不是沿着古代丝绸之路修筑的，而是建在它的对面。汽车行驶在柏油路上，左右颠簸，坐在车内都会腰酸腿疼，走石头路的人有多困难可想而知。古人从峻峭山涧里开辟出一条路，真的很了不起，今人凿山铺路，也同样了不起。实际上，中巴友谊公路是用中巴两国人民的血汗构筑起来的。每一公里都凝结着中巴两国人民的勤劳与智慧。我身临其境，深感筑路者的艰辛。

下午，我们抵达巴基斯坦口岸——苏斯特。苏斯特是巴基斯坦的一个边陲小镇。镇上的许多商店都出售中国的日用品。从中巴友谊公路过来的游客或商人都在此办理入境手续。它与中国的口岸塔什库尔干隔山相望。

我们到达口岸后，听说在上午，距离这里12公里的地方发生了塌方。车辆、行人无法通过。我们在心里默默祈祷，但愿明天情况好转，我们能顺利通行。

第二天早晨，我们打听路况，山上还在往下掉石头。我们很着急，因为新疆维吾尔自治区文化厅和喀什市文化局的工作人员正在红其拉甫哨所等着我们。到了10点钟，我们实在等不下去了，就想硬冲过去。我们出发了，但到了现场一看，情况并非像我们想象的那么简单。左边是高山，右边是深渊，中间的路上堆积着大小石头。山上还在像下陨石雨一样地落石头。我们向当地人打听才知道，此处经常出现滑坡。据说山顶上有熔岩，向外迸发，推动石头下落。何时才能停止落石，谁也说不清楚。车子根本不可能开过去，我们只好折回。甚至吃中饭也感到食而无味，心情非常焦灼。

下午1点左右，前方来人说，大石头已经不落了，小石头还在往下落。我们与当地人商量决定：我们从这里乘车到出事地点，然后踩在石头上走过去，到了那一边，再乘另外一辆吉普车前进。行李由当地人帮我们送过去。

1点半左右，我们来到了滑坡地点。我举目仰望，山上还在不断地往下落石子。我们决定冒着危险冲过去。阿克特尔布哈利第一

第十六章　诗之国度：巴基斯坦

个冲向前去,一路小跑。我顾不得看他,紧跟其后,穆夫迪也跟了上来。我小跑前进,但脚下的石头高低不平,根本跑不动。这一段路足有200多米长,我既要照顾脚下,又要看着山上落下来的石头,心里紧张,脚底无力,跑了50米就已气喘吁吁了。我突然听到后面一片叫嚷声,听不清人们在说什么,我来不及回头去看,也顾不得想,只顾拼命地往前奔。我忽然看见,在我头上方有一块大石头冲着我滚了下来。我拼命地跑,想躲开它。由于跑得过猛,我摔倒了,于是急忙爬起来继续跑,又摔倒了,再爬起来跑,我上气不接下气,快到了终点的时候又摔了一跤。到了平坦的路段,有两个人扶着我离开了危险区。我喘息了半天,才缓过神来。穆夫迪也跑过来了。我见他脸色苍白,气喘吁吁。他断断续续地说:"你……你……你……命……命……大!"他的嗓子已经沙哑了。等他的呼吸变得稍微平和一点儿的时候,他说:"我在后面见到一块大石头冲着你滚了下来,就使劲喊,叫你注意,可你根本没听到。你真命大,那块大石头,在离你一二十米的地方被另一块更大的石头挡了一下,它就绕过你的头,掉下去了。我担心死了!"

这时,我看了看自己,衣服上都是泥土。我的脸被石子划破了三处,泥土和鲜血已混合到了一起,腿上和腹部也有多处伤痕。这一切都算不得什么了,起码命保住了。这是一场多么惊险的挑战!

我们坐上一辆事先安排好的吉普车,继续前进。两旁的山上光秃秃的,基本不见绿色。在山涧里偶尔能看到几棵小树,几簇小草,见不到飞鸟,听不到鸟鸣。我能感觉到车外的大风呼呼刮过。天气变化无常，刚才还是晴天，等到了红其拉甫山口时，突然就变成阴天了，一会儿又下起了小雪。终于到了乔戈里峰的山脊线，即国境线。吉普车停了下来，我们下了车。路旁立有两个界碑，面向巴基斯坦的一面上用英文铭文写着"巴基斯坦"字样，而面朝中国的一面上用中文写着中文并带有鲜红的国徽。我感到无比亲切，心情非常激动。我在心里说："祖国，我回来了！"我像孩子似的特地走到两块界碑中间三不管的地方，叉开两腿，对穆夫迪说："我一条腿站在巴基斯坦的国土上，一条腿站在中国的国土上，快给我照张相吧！"

我们所站的地方海拔约为4800米，风大，空气寒冷，不能久留。于是我们匆匆坐上车下山。在距离国境线1公里多的山坡下，驻扎着中国边防军的哨所。两名解放军战士，冒着寒风，顶着小雪，庄严地站在那里。我们下了车。我见到他们就像见到亲人一样，满怀欣喜地同他们握手问好。他们穿着棉大衣，但手仍然冻得冰凉，战士们是多么辛苦啊！

两名战士告诉我们，喀什市文化局和塔什库尔干县文化局的同志们从上午就一直在这里等候，左等右等没有等到我们，到了下午2点钟，他们就回去了。我看了看表，已经是下午4点钟了。解放军战士和我们说："塔什库尔干海关的工作人员在5点钟下班，你们快一点儿去，还来得及办入关手续。"

我们匆匆地离开了中国边防军哨所。

传奇民族

巴基斯坦风光最美的地方莫过于北部地区的山谷，其中最为神秘的当数卡拉什山谷。它的神秘源于居住在那里的一个具有传奇色彩的民族——卡拉什人。我曾怀着好奇的心情，与几位同事去那个鲜为人知的地方旅行探秘。

卡拉什山谷位于开普省，距伊斯兰堡400多公里。从吉德拉尔镇出发，我们乘坐的吉普车爬行在崎岖不平的山路上，一边是陡峭的山壁，不时还有碎石块滚落；一边是几十米深的悬崖，异常险峻。我们用了整整两个小时，才走完了这段让人提心吊胆的40公里路程。

卡拉什山谷确实很美。翠绿的山，湛蓝的天，山涧里的水清澈见底，田地里稻谷茂盛，山坡上牛羊成群。

我们雇了一位导游，是个年仅17岁的小伙子。他在白沙瓦的一所学院攻读计算机专业，利用假期打工，贴补学费。他是开化的卡拉什人，在当地算得上高级知识分子了。过去，卡拉什人很少走出山沟，随着时代的发展、社会的进步，有些卡拉什人把孩子送到城里就学。传说，卡拉什人是希腊人的后裔。公元前327年，马其顿国王亚历山大大帝带领部队，在打败波斯王大流士三世后，南下印度，来到希发西斯河，其后因气候不适，士兵厌战，又遭到当地人民的反抗，不得不撤军。有些士兵滞留了下来，其中有5人逃到了卡拉什山谷，在那里繁衍生息。对于这一传说，我想听听卡拉什人自己的说法。导游说："我们的历史没有文字记载。大多数人认为我们是希腊人的后代,但听祖辈说,我们是土著人。"

导游带领我们进入了村子。他介绍道:"卡拉什山谷是一条狭长的山谷。卡拉什人居住在3个村庄里,共有3000多名居民。巴莫布利特是最大的一个村庄。"说着,他领我们前往巴莫布利特村的一户人家。这户人家的房屋建在山坡上,全部由木头搭成,已有三四百年的历史。木头上雕刻着各种各样的花纹,古色古香。女主人从屋中走出来,她40岁左右,白皙的脸庞,大眼睛,高鼻梁,不像南亚次大陆人,而像欧洲人。她身着黑袍,戴着独特的黑头饰,上面镶有玛瑙贝、纽扣,还插着一根红色的羽毛,显得亮丽夺目。卡拉什妇女全年都穿着黑色衣服,夏天里穿粗布黑长袍,冬天里穿手纺的黑毛长袍,头饰也都是用黑毛料做的,所以她们也被称为"穿黑衣服的人"。女主人热情而大方地向我们介绍家里的情况。她家三代同堂,共有10口人。过去,他们都住在这里的一间屋内。现在房子多了一点儿,弟弟就搬出去了,但家人仍然在一起吃饭。我看到屋里放着一个大罐子,被一根瓦管连接到一口锅上。我好奇地问:"这是干什么用的?"她说:"用杏子、桑椹等酿酒。"女主人还说:"我们夏天里住在山川的东岸,便于种植和管理庄稼;冬天里住在西岸,因为西岸风小,更暖和。"

离开她家后,导游带我们去参观他们的神庙。神庙的墙上镶着羊头和牛头,室内没有任何用以祭拜和供奉神灵之物,只是在墙上可见各种动物的图画,笔触看起来自由而随意。导游说,他们信仰的神叫"迪宙"以及12个天使。他们的宗教节日是从12月22日至 25 日的"丘莫斯节"。每年这个时候,男人们都会聚到庙里祈祷、宰牲、吃喝、跳舞,尽情玩乐,但妇女们不能参加这些活动。另外,他们还会庆祝两个节日,一个是 5 月 13 日至 16 日的"春节",另一个是 8 月 22 日至 23 日的"收获节"。

卡拉什民族能歌善舞,在节日、婚丧期间,甚至每天晚上,只要鼓点一响,人们便自愿聚拢在一起,翩翩起舞。这里几乎与外界隔绝,贫穷落后,可他们的生活却是过得有滋有味、快快乐乐。也许正因为如此,卡拉什民族才得以历经千年的洗礼而始终保留着原始风貌,没有被异族所同化。

在卡拉什山谷中留宿了一晚后,我们于次日恋恋不舍地离开了这片神奇的土地。这次旅行成为我人生中一段宝贵的记忆。

总统授奖

我于 2000 年至 2003 年任中国驻巴基斯坦大使馆文化参赞。2000 年 8 月,中国驻巴基斯坦大使馆收到了巴基斯坦外交部发来的一份照会。照会的大意为:鉴于贵馆文化参赞袁维学先生对于巴中文化交流所作的贡献,巴基斯坦政府拟于 2001 年 3 月 23 日授予他"总统杰出成就奖"。中国政府对此有何意见,望于 10 月底前回复。

使馆征求国内意见,国内同意巴基斯坦授奖于我。

巴基斯坦每年颁发一次"总统杰出成就奖",中国原东方歌舞

巴基斯坦总统穆罕默德·拉菲克·塔拉尔为袁维学参赞授奖

团团长王昆、画家林墉等曾获此殊荣。在每年的巴基斯坦独立日即 8 月 14 日那一天，会确定获奖人选，并于次年的巴基斯坦国庆日即 3 月 23 日举行颁奖仪式。

2001 年 3 月 23 日下午 2 点，在总统府正式举行了颁奖仪式。出席仪式的人需提前 1 个小时到场，并且不许将手机、相机带入会场。总统府戒备森严，颁奖大厅雄伟、华丽、肃穆，整个大厅里灯火辉煌，人们按照自己的编号入座。大厅里，鸦雀无声，人们都在等待着总统的到来。出席颁奖仪式的来宾除了获奖者之外，还有巴基斯坦政府和军队的高官、外国使节等，共计三四千人。

在 300 多名获奖者中，除了我和一位日本使节外，其余全部都是巴基斯坦人。因此，我为能够获得这份荣誉而感到自豪。

第十六章　诗之国度：巴基斯坦

2点钟,巴基斯坦总统拉菲克·塔拉尔在高官的陪同下步入大厅。全体肃立。军乐队奏响巴基斯坦国歌。而后,颁奖仪式正式开始。

当司仪叫到我的名字时,我坦然地离开座位,走向主席台。我走到主席台前,面向总统,肃立。司仪开始宣读我的事迹。其后,我走上台阶,站在总统面前。总统为我戴上奖章,与我握手道贺,我向他致以谢意。

此时此刻,我的心情很激动,但我的头脑很清醒。中巴两国的关系具有非常良好的基础,因此我才有机会利用自己的一技之长,为中巴文化交流做一点儿事,如果没有两国交好这一大前提,我即使再有能耐也无用武之地。并且,如果没有组织上以及周围同事给予我的关怀和支持,没有妻儿为我的事业作出的牺牲,我绝不可能站到这个领奖台上。这份殊荣,不只属于我一个人,更属于所有从事中巴文化交流事业的同人。

鹃红　甲午冬 何北沱写

尼泊尔国花

杜鹃花

第十七章
群山环绕：

尼 泊 尔
NEPAL

中国前驻尼泊尔特命全权大使

邱国洪

我在尼泊尔待的时间不算长，但我认为尼泊尔是一个有趣、独特的国家。我对尼泊尔的有趣和独特之处深有体会，并将其概括为三绝。

第一绝是，尼泊尔是世界上唯一一个既拥有世界屋脊，又拥有热带雨林，且国土纵深不超过 200 公里的国家。在世界范围内，海拔达到 8000 米以上的山大概有 14 座，其中就有 8 座位于尼泊尔境内或尼泊尔与其他国家的边境交界处。这其中就包括位于中尼边境的世界最高峰——珠穆朗玛峰。中尼两国对珠穆朗玛峰进行了共同探测，重新测定了珠穆朗玛峰的高度。以前，中尼两国为此有过争议，主要的争议点在于，尼泊尔测定的山峰高度要比我国测定的高一点，因为尼泊尔在测算高度时将冰的厚度也考虑在内，而我国则没有。中尼两国经过重新探测后，对珠穆朗玛峰的高度得出了一致的结论，最新的探测高度为 8848.86 米。珠穆朗玛峰峰顶距地面的落差很大，纵深很小，这促成了尼泊尔境内景观和动物、植物的多样化。

尼泊尔的南部有亚洲保存最完好的热带雨林，那里的热带雨林仿佛是大自然的万花筒，其中生活着犀牛、大象、老虎、鳄鱼等。我曾去过那里游览，乘坐独木舟的时候，可以看到在靠近两岸的河道中，有很多鳄鱼将眼睛露出水面，那些鳄鱼体型很大但很温顺。我还在雨林中骑过大象。得益于种类繁多的动物、植物以及各种美丽的自然景观，尼泊尔成为世界上最受欢迎的旅游胜地之一，尤其适合徒步探险和旅行。我曾体验过尼泊尔的环山徒步游项目。在尼泊尔，有一个著名的旅游景区叫作博克拉。博克拉海拔 800 多米，

博卡拉附近的鱼尾峰雪山

当地有一个名为费瓦湖的湖泊，在费瓦湖附近屹立着一座雪山，海拔大约只有6900米，却从未有人登上山顶，将其征服。试想一下，从海拔800米的湖面到海拔6900米的山顶，这么大的落差，而湖泊与山峰间的距离又这么近，这让人们无论站在哪里望向那座山时，都会有种身在天上的感觉。这座雪山名叫鱼尾峰，因为它的形状酷似鱼尾。尼泊尔政府禁止人们攀登该雪山，因此，鱼尾峰至今还是座处女峰。每年，当地会组织为期7天或者21天的大循环式徒步旅行，大循环式徒步旅行的趣味在于，游客可以绕行三座海拔约为8000米的山。我曾绕行过其中的安娜普尔纳山，山上有几座高峰，海拔都在8000米以上。尼泊尔被视为世界上最适于徒步探险旅游的地方，很多来自西欧、北欧的游客都特别喜欢来尼泊尔进行徒步探险。世界屋脊青藏高原除去位于尼泊尔境内的部分外，大部分位于中国境内，也有很少一部分位于印度，但是印度国土的纵深太大，使得那一小部分高原与印度的热带雨林相距遥远，无法形成反差巨大的奇异风景。尼泊尔的地理风貌是世界上独一无二的，由此形成的自然景观便是尼泊尔的一绝。

第二绝是，在历史上，尼泊尔这个国家从未被外来民族所征服。我是根据阅读材料、书籍，再结合自己在尼泊尔的实地感受以及与当地人的交流而得出这一观点的。在古代，尼泊尔的中心地区就是现在的首都加德满都，加德满都位于河谷地区。中国和印度的历史文献都有记载，早在2000年以前，就已经有完整的国家存在于那里，但尼泊尔现存的有文字记载的历史并没有那么长，大概只有1700

年，其余的历史都需要参考其他国家的史料。例如，据史料记载，唐朝时期，玄奘曾前往释迦牟尼的诞生地尼泊尔进行朝拜，而释迦牟尼的出生时间被推断约在公元前 565 年或者公元前 623 年，距今时间明显已超过了 2000 年。所以，根据中国和其他国家的文献记载，尼泊尔这个国家的历史应该在 2000 年以上。最初生活在尼泊尔的民族是尼瓦尔族，他们应该是尼泊尔人的祖先。现在，尼瓦尔族已不是尼泊尔的主体民族了。现今，在尼泊尔，有 40% 的人具有雅利安血统，属于来自欧洲的混血血统。

历史上，尼泊尔几经风雨，曾经与很多国家交战，多数战争结果是尼泊尔占据优势、取得胜利。喜马拉雅山脉的南麓，也就是现在尼泊尔的高山区，在过去实际上是属于吐蕃的。尼泊尔国力强胜时的领土，包括现今印度北方相当大的一块土地，不丹、锡金都曾被尼泊尔统治过。

其实，尼泊尔曾面临过一次被外来势力征服的危机。那是在 18、19 世纪，英国征服了印度，建立了东印度公司，在印度进行殖民统治。英国政府也一直想统治尼泊尔，但是发动了两次侵略战争都未能成功。第一次攻打尼泊尔的时候，英军计划从印度北方穿过，从而到达尼泊尔的首都加德满都。由于英军缺乏穿越热带雨林的作战经验，造成了军队大量减员，所以第一次战争实际上并未成功，但是打通了一条作战道路。第二次攻打尼泊尔时，英军就有穿越热带雨林的经验了，他们最终到达了加德满都河谷附近的一处山脚下。当时只有一条上山的道路，很难攀上去，险恶的地形阻碍了英军的脚步。以英国的实力，占领尼泊尔并非难事。当时，尼泊尔大部分国土都被英国占领，只剩下加德满都河谷尚未被吞没，但当英国正要拿下加德满都的时候，东印度殖民地爆发了一场严重的灾荒，粮食歉收，饥民四处起义，由此威胁到了英国的殖民统治。驻印度总督研究发现，历史上尼泊尔和印度之间战争不断，每次战争最后都是尼泊尔取胜。另外，尼泊尔人非常勇敢，非常忠于国家。于是，他向英国国王提出建议——不再继续攻打尼泊尔，并派出外交使节与尼泊尔国王进行谈判，英国提出了停止进攻的交换条件：允许英国在尼泊尔征兵，而世界雇佣军的历史也由此开篇。英国希望征用尼泊尔兵去镇压发生在印度的起义，而尼泊尔国王也深知无法抵御英国的侵略，原本准备投降，面对如此转机也就同意了英国的条件。英国在尼泊尔招募了大量士兵，即廓尔喀雇佣兵，最初被征收的士兵都来自加德满都以西的廓尔喀县。廓尔喀与沙阿王朝（尼泊尔历史上最后一个君主制王朝）的渊源很深，沙阿王朝的祖先就生活在廓尔喀县。英国招募的雇佣兵中，廓尔喀人的数量并不是最多的，数量最多的人来自于尼泊尔东部一个名叫林布的地区，那里是山地，当地人长得很剽悍，非常勇敢、忠诚。来自尼泊尔的雇佣兵确实帮了英国大忙，在很短的时间内，这些雇佣兵便顺利镇压了印度国内的起义。之后，英国向尼泊尔归还了一部分已经攻占的领土，也由此形成了尼泊尔现今的国家版图——东西长、南北窄。

尼泊尔得以保持主权独立，成为南亚地区唯一未被英国完全殖民统治的国家。尼泊尔的历史遗迹和传统文化都得到了很好的保留和传承。

奇达旺附近的热带原始森林

第三绝是,尼泊尔是一个孕育圣人的地方,它是释迦牟尼的出生地。佛教的创始人释迦牟尼出生于尼泊尔,尼泊尔也因此成为佛教的发源地,备受瞩目。人们普遍认为释迦牟尼诞生于古印度,这个观点没有错,因为那个地方原先的确属于古印度,现在则位于尼泊尔境内。确切地说,释迦牟尼的诞生地名为蓝毗尼,位于现今尼泊尔南部稍微偏西的地方,在尼泊尔和印度边境。有关释迦牟尼诞生地的争论曾经持续了很长一段时间,因为印度境内也有一个名为蓝毗尼的地方,当时学术界无法考证到底哪个是真正的释迦牟尼诞

加德满都郊区行走中的村妇，背景为喜马拉雅山脉的雪山

生地。后来,在玄奘为后人留下的《大唐西域记》找到了答案,其中详细记录了玄奘在古印度的所见所闻。在他的记叙中,供奉释迦牟尼的圣庙里建有一根阿育王柱,这是在释迦牟尼逝世后,古印度的一位阿育王在修建神庙时立下的一根柱子。这根柱子由石头制成,玄奘看到它的时候距离释迦牟尼逝世已经过去了千年。玄奘进入神庙后,对阿育王柱上面的文字作了详细的记录。人们在印度境内的蓝毗尼没有找到玄奘所记述的阿育王柱,在尼泊尔境内也没有找到。后来,尼泊尔的一个将军在修建庄园时,偶然发现了倒塌的阿育王柱,并把它重新立了起来。研究人员发现,这根被立起的柱子竟和《大唐西域记》中所记录的一模一样,最后印度方也放弃了争论,现在的明确结论是:释迦牟尼的诞生地位于尼泊尔境内。在尼泊尔全国总人口中,信奉印度教的人占比最多,达80%以上,约有11%的人信奉伊斯兰教,约有8%的人信奉佛教。作为释迦牟尼的诞生地,尼泊尔亦是最早传播、推广佛教的国家之一,其境内留有很多佛教圣地。

总之,尼泊尔的这三绝充分地展现了它的独特魅力,无论是自然风景、历史古迹,还是宗教文化,尼泊尔都是一个非常值得探访的国度。

聪明的尼泊尔人

我在尼泊尔工作时会到一些农村地区送教学物资,帮忙修盖教室，很多地方连公路都没有，我只能步行前往。虽然环境简陋，但是当地人十分热情，他们会为我举行隆重的仪式，以示欢迎。令我尤为印象深刻的一点是，当地无论是村长、校长，还是普通老百姓，都会上台演讲，每个人的发言都慷慨激昂、抑扬顿挫。尼泊尔人讲话时语言清晰、意思明了，真的令我叹服。

听完他们的讲话，我不禁感慨，在这样一个山区，虽然人们的受教育程度普遍不高，但是每个人的发言都非常具有逻辑性，而且他们知道听众想听什么内容，这确实让我感到很意外。这是我第一次感受到尼泊尔人的聪慧。首都加德满都的情况就更不用说了，我有时候去拜会那里的政府官员，起初我还会非常认真地多说一些话，后来我就不敢多说了。因为假如我说5分钟，对方肯定要说10分钟，他们会在认真听完我的讲话后作出非常细致、深入的回应，进一步表达他们的见解。而且我几乎从未见过他们在上台讲话时带演讲稿，在脱稿发言的情况下，他们仍然讲得头头是道。这源自尼泊尔人深厚的文化底蕴，而这种文化底蕴又来自哪里呢？

我还发现一个现象：尼泊尔虽然贫穷，但是小规模的商业体系却很发达。以前，我们去发展中国家出差，会看到在当地做小买卖的人基本都是中国人，那些小型的商业市场基本都是中国人的天下。但是，在尼泊尔很难看到做生意的中国人。后来，我问尼泊尔人："中国人来这你们这里做买卖吗？"对方回答说："中国人会来，但他们来做了一段时间生意就走了，以后也不会来了。"这是因为尼泊尔人非常聪明，他们有自己的经营之道，外国商人缺乏竞争力，

佛祖释迦牟尼诞生地蓝毗尼附近的神庙与阿育王石柱

想要在当地赚大钱是比较困难的。

尼泊尔人对自己国家的定位也十分准确,他们形容尼泊尔是"夹在两块巨石中间的一个鸡蛋"。尼泊尔人知道,他们的国土面积并不大,面临着被印度吞并的危险,因为印度已经吞并了锡金,并已实际控制不丹。所以,尼泊尔始终与中国保持着友好关系,这也体现了尼泊尔人的外交智慧。对尼泊尔来说,与中国和印度建立良好的外交关系是十分重要的,中国对尼泊尔从无恶意,而印度却对其虎视眈眈,尼泊尔需要在两个大国间寻求平衡。

中尼铁路不再是梦

我在尼泊尔工作期间,留下了许多美好的记忆。尼泊尔人特别盼望中国能将铁路修到尼泊尔。首次提出用铁路将中尼两国连接起来的人是毛泽东主席。1973年12月,尼泊尔比兰德拉国王访华,毛泽东主席会见他时提及青藏铁路,并表示青藏铁路总有一天要从拉萨修到加德满都。当时青藏铁路一期工程中的西宁至格尔木段已经开建了15年,但进度十分缓慢,而二期工程格尔木至拉萨段尚处于筹划阶段,并未作出具体的开工时间安排。在此背景下,毛泽东主席仍然提出了要将青藏铁路从拉萨修到加德满都这样的宏伟设想,体现了中国领导人在考虑中尼关系重要性时所具备的长远的战略眼光。

中国实施改革开放后,在社会经济发展领域取得了巨大进步,青藏铁路的建设进度也随之加快。一期工程西宁至格尔木段于1984年5月建成通车，二期工程格尔木至拉萨段于2001年6月开工，于2006年7月实现全线建成通车。青藏铁路全面建成后，毛泽东主席提出的中尼铁路设想就有机会被提上议事日程了。

我在尼泊尔当大使的时候，一直在做调研工作，研究铁路怎样才能修到尼泊尔。因为中尼之间隔着喜马拉雅山，无法在山上打洞，为了修建铁路只能采取穿过河谷的方法。西藏樟木口岸，2015年尼泊尔大地震后那里成为一处绝地。樟木镇海拔约1700米，其所在的聂拉木县海拔约3900米，往返其间只能沿着绝壁进行垂直攀登，十分危险，每年都有落石伤人的事故发生。因此，想要在此地修建铁路是不现实的。之后，规划的大体路线是从吉隆绕行，沿着河谷修建铁路，走势比较平缓。尽管这样的决策不存在技术困难，但是暂时不会获得经济效益。

我在任期间，每逢回国休假、述职的时候，都会走访国家发展和改革委员会、商务部、铁道部等有关部门，了解铁路的修建情况，并积极推动中尼铁路项目的进程。青藏铁路已于2014年8月从拉萨延伸至日喀则。目前，中方正在研究将铁路从日喀则延伸至吉隆段，也就是修建中尼铁路的可行性。其开工建设之时指日可待。中尼双方也已全面启动针对吉隆至加德满都段的可行性研究。

可以说，青藏铁路的下一路段距离加德满都越来越近了，中尼铁路不再是可望而不可即的幻想，它正在一步步变为现实！

跋

2017年，我受中国人民大学哲学院委派，作为中国宋庆龄基金会代表团的成员参加了第十五届罗德岛论坛。罗德岛论坛又称"文明对话——世界公众论坛"，因每年在希腊罗德岛召开而得此名。论坛肇始于2003年，其宗旨是联合国际社会力量，共同捍卫人类的精神和文化价值，倡导文明之间的建设性对话，积极应对新挑战，解决全球性问题。正是在这个论坛上，我结识了中国宋庆龄基金会副主席、中国公共外交协会副会长胡正跃先生。

与会期间，我作为学术助手跟随他参加了多场外事活动。但最吸引我的，是在闲谈时他和我说的一些外交故事。胡先生是外交战线的老同志，曾在越南、新加坡、马来西亚常驻，还在外交部亚洲司、国外工作局和驻澳门特派员公署担任过领导职务，有着丰富的外交经验和人生阅历。在希腊停留期间，每次听他说起各国的风土人情和历史文化，我就特别感兴趣，渐渐萌生了把这些文化故事和外交经历记录下来的想法。回国前的最后一天，我鼓足勇气向胡正跃先生提出这一请求，没想到他爽快地答应了。他告诉我："民间外交有很多事可做，关键是要做得细致用心，做得恰到好处。你这个想法挺好，我支持你做这件事。"

让我喜出望外的是，胡正跃先生做事不仅雷厉风行，而且还十分"给力"。回国后，他第一时间联系我开展工作，还分别约请了多位前驻外使节接受我们的访谈。从审定访谈提纲、约请访谈对象，到后期审看访谈稿件、丰富书稿内容等各个环节，胡先生都亲力亲为，一丝不苟。更加难能可贵的是，他几乎参加了所有的访谈活动。他平易近人的处事风格和认真负责的工作态度给我留下了深刻印象，令人敬佩。

这套丛书凝结了很多人的心血，是所有参与这项工作的同志们集体劳动的结晶。

首先，我要感谢接受我们访谈的各位大使、总领事、参赞等驻外使节的大力支持，并向他们严谨求实、精益求精的工作作风致以崇高的敬意。我们每整理一次稿件，都会和访谈对象反复确认。他们不仅每次都亲自审阅，对其中一些需要修订和改正的地方还耐心地和我们讲解来龙去脉。可以说，没有各位外交官悉心的关怀、指导和帮助，就没有读者眼前这套别开生面、耳目一新的丛书。

其次，我要感谢中国人民大学伦理学与道德建设研究中心世界民俗文化研究所遂岩所长为访谈工作提供的大力支持。也正是在他的推动下，我们组建了世界民俗文化研究所，一道开启了后续丰富多彩的"民俗外交"文化活动。

我还要感谢我的几位研究生和学术助手。冯刚协助我完成了所有的采访工作，在语音转录和初稿整理上做了大量工作。贾极楠、周雅灵、谭聪、张海玉多次协助我整理稿件并校对了大量文字材料和图片。杨雅珺、黄恩泽不仅协助我设计了部分访谈提纲，还帮助我收集、翻译、整理了不少外文资料和图文信息。他们出色的工作表现使我深感欣慰。

最后，我要特别感谢重庆出版集团的秦琥先生、朱姝女士、王晓芹女士和林郁女士，他们为丛书的出版做了大量锦上添花的编辑工作。正如胡正跃先生所说，民间文明交流互鉴是一项非常有意义的文化事业，要慢工出细活，润物细无声。

本书辑录的成果得到国家社科基金重大招标项目《当代中国应用伦理学学科体系、学术体系、话语体系建设研究》和国际文化交流学术联盟项目《"民俗外交"视域下的非遗文化传承与国际交流实践——以"中国—东盟"文化交流合作为导向》的支持，特此鸣谢。

传播优秀文化成果是我们教育工作者的职责所系。推动文明交流互鉴、发挥文化交往的教育功能，未来可期。我相信，我们的团队会做得更好。

张 霄

2023 年 4 月于北京

张 霄

中国人民大学哲学院副院长、副教授。主持国家社科基金重点项目、国家社科基金重大招标项目子课题、国家社科基金青年项目等课题 10 项,在《马克思主义研究》《教学与研究》等刊物发表论文 20 余篇,出版专著 1 部,译著 1 部,主编国家出版基金项目《新时代马克思主义伦理学丛书》,获第二届中国伦理学十大杰出青年学者称号。

出　　品：华章同人
出版监制：徐宪江　秦　琥
责任编辑：秦　琥　朱　姝
特约策划：林　郁
特约编辑：王晓芹
营销编辑：史青苗　孟　闯
责任校对：曾祥志
责任印制：白　珂
装帧设计：SOBERswing

电话：010-85869375
投稿邮箱：bjhztr_alphabooks@163.com

关注重庆出版集团
获得更多精彩资讯